GRAND PRIX '91
live miterlebt

FORMEL 1
Weltmeisterschaft

ISBN 3-926224-21-5

Stichtag
für alle Informationen
(Zahl der Siege,
Zahl der Rennen, usw.)
ist der **9. März 1991**
– der Tag vor dem Saison-
start 1991.

Herausgegeben von Willy Knupp
im Auftrag von RTLplus

Autor:	Achim Schlang
	Chefreporter rallye racing
Fotos:	Lukas T. Gorys
	(Bildnachweis S. 192)
Redaktion:	Hubert Bücken
Grafische Gestaltung:	Rudolf Schulz
Gesamtherstellung:	RPS Reprostudio
	Angermund, Düsseldorf
Druck:	Mohndruck

Inhalt

Teams, Autos, Fahrer 1991

Strecken

Willy Knupp, RTLplus

Liebe Formel 1-Freunde,

RTLplus überträgt ab 1991 alle Läufe der Formel 1-Automobilweltmeisterschaft. Ungekürzt, live, mit jeder Menge Hintergrundgeschichten.

Wir sagen ja zum Motorsport.

Dieses Buch führt Sie durch die Saison 1991. Wir stellen Ihnen alle Teams vor, alle Fahrer, alle Rennwagen. Mit brandaktuellen Fotos, die während der ersten beiden WM-Läufe in Phoenix und Sao Paulo erstellt wurden.

Sie lernen alle Strecken kennen, auf denen die schnellsten Fahrer der Welt um Punkte kämpfen. Gerhard Berger, 1990 punktgleich mit dem WM-Dritten Nelson Piquet, hat für Sie in alle Strecken seine Schaltpunkte eingezeichnet.

Sie werden in diesem Buch unzählige Informationen finden, die Ihnen während der aktuellen Rennsaison den Spaß an der Formel 1 vergrößern. Aber Sie werden auch künftig gern in das Buch schauen – vor allem, wenn Sie die Tabellen zum Schluß jedes Rennens ausfüllen. Die Daten nennen wir Ihnen nach jeder Übertragung oder in der Zusammenfassung der Highlights. Sie können eine komplette Liste auch zum Schluß der Saison beim Verlag anfordern (Anschrift Seite 133).

Ein Thema liegt mir besonders am Herzen. Und Ihnen wahrscheinlich auch: Deutschland gehört zu den größten Automobil-Produzenten der Welt. Deutsche Automarken haben einen Super-Ruf, unsere Kfz-Industrie setzt jährlich Milliarden um.

Aber noch nie hat Deutschland einen Formel 1-Weltmeister hervorgebracht. Unsere Nachbarn in Österreich haben vier Titel, Italien und Frankreich je drei, Großbritannien zehn! Und selbst Finnland, ein Land ohne Autoindustrie, brachte einen Formel 1-Weltmeister hervor. In diesem Jahr startet die Formel 1 wieder mal ohne einen Fahrer aus der Auto-Supermacht Deutschland.

Wir finden das unglaublich. Wir wünschen uns, daß ein Deutscher endlich mal vorne mitfährt, hoffentlich sogar Automobilweltmeister wird. Und wir tun etwas dafür: In diesem Jahr suchen wir erstmals den „Pilot RTLplus".

Einen talentierten jungen Fahrer, dem wir den Weg in die Formel 1 ebnen wollen.

Die Idee dazu kommt nicht von einer deutschen Firma. Sondern von Freunden aus Frankreich. Von einer Firma, die große Erfahrung darin hat, Formel 1 Piloten zu finden: aus ihrer Schule stammen Fahrer wie Alain Prost, Jacques Lafitte, oder Jean Alesi.

Ab Seite 182 stellen wir Ihnen die Formel Renault vor. Wir werden Sie vor den WM-Übertragungen über die aktuellen Rennen der Formel Renault informieren.

Ich hoffe, daß es uns, dank der professionellen Unterstützung der Deutschen Renault, gelingen wird, Ihnen demnächst einen deutschen Fahrer in einem Formel 1-Wagen vorstellen zu können.

Darauf freuen wir uns.

Herzlichst *Ihr Willy Knupp*

*Die Minuten vor dem Start: Ferrari-Pilot
Jean Alesi in höchster Konzentration*

5

Hunderttausende verfolgen fasziniert die Formel 1-Rennen – nicht nur in Brasilien, dem Heimatland des derzeitigen Weltmeisters Ayrton Senna

10. März

Großer Preis der USA

Die Jagd ist eröffnet

Neue Motoren, neue Teams, neue Fahrer. Die Saison 1991 beginnt spannend wie selten. Weltmeister Ayrton Senna schien in einer Formkrise zu stecken: bei den letzten Rennen 1990 kam er nicht ins Ziel. Aber in Phoenix startet er wieder aus der Pole-Position. Und niemand kann ihm die Führung auch nur für eine Sekunde streitig machen ...

Startaufstellung

1 Ayrton Senna
McLaren-Honda MP4/6
1.21,434

27 Alain Prost
Ferrari F1-91
1.22,555

6 Riccardo Patrese
Williams-Renault FW14
1.22,833

5 Nigel Mansell
Williams-Renault FW14
1.23,218

20 Nelson Piquet
Benetton-Ford B 190B
1.23,384

28 Jean Alesi
Ferrari F1-91
1.23,519

2 Gerhard Berger
McLaren-Honda MP4/6
1.23,742

19 Roberto Moreno
Benetton-Ford B 191B
1.23,881

21 Emanuele Pirro
Dallara-Judd BMS 191
1.24,792

22 JJ Lehto
Dallara-Judd BMS 191
1.24,891

4 Stefano Modena
Tyrrell-Honda 020
1.25,065

7 Martin Brundle
Brabham-Yamaha BT5 9Y
1.25,25,385

11 Mika Häkkinen
Lotus-Judd 102B
1.25,448

32 Bertrand Gachot
Jordan-Ford 191
1.25,701

23 Pierluigi Martini
Minardi-Ferrari M191
1.25,715

3 Satoru Nakajima
Tyrrell-Honda 020
1.25,752

34 Nicola Larini
Lamborghini 291
1.25,791

16 Ivan Capelli
Leyton House-Ilmor CG911
1.26,121

29 Eric Bernard
Lola-Ford L-91
1.26,425

25 Thierry Boutsen
Ligier-Lamborghini JS35
1.26,500

30 Aguri Suzuki
Lola-Ford L-91
1.26,548

17 Gabriele Tarquini
AGS-Ford JH25B
1.26,851

15 Mauricio Gugelmin
Leyton House-Ilmor CG911
1.26,865

8 Mark Blundell
Brabham-Yamaha BT5 9Y
1.26,915

9 Michele Alboreto
Footwork-Porsche A11C
1.27,015

24 Gianni Morbidelli
Minardi-Ferrari M191
1.27,042

Gut vier Monate Winterpause lagen hinter den Teams, als in Phoenix/Arizona die 42. Saison der Formel 1-WM eröffnet wurde. Nur scheinbar hatten die vorangegangenen Testfahrten ein Bild des Kräfteverhältnisses vermittelt. Als es ernst wurde, stand keiner der favorisierten Ferrari auf dem besten Startplatz, sondern der McLaren-Pilot Ayrton Senna, der seine Gegner förmlich deklassierte. Bereits seit drei Wochen von einem starken Schnupfen gequält, näselte der amtierende Weltmeister nach der 53.(!) Pole-Position seiner F1-Karriere stolz: „Meine schnellste Runde war nahezu perfekt – viel schneller geht's bestimmt nicht mehr." Alle Ankündigungen, der erst zehn Tage alte McLaren-Honda MP 4/6 sei für den ersten Renneinsatz zu neu, zu unausgereift, waren damit meisterlich vom Tisch gefegt.

Daß an diesem Erfolg der „Faktor Senna" maßgeblich Anteil hatte, machte McLarens Nummer zwei, Gerhard Berger, deutlich. Der Tiroler mußte sich mit Rang sieben begnügen, obwohl er gnadenlos Gas gab. Freitags landete er im Übereifer sogar in einer der Begrenzungsmauern. Keineswegs niedergeschlagen erklärte Berger: „ Hier in Phoenix habe ich regelmäßig Probleme. Irgendwie komme ich zwischen den Mauern nicht klar. Ich kann die Abstände nicht millimetergenau abschätzen und leide unter einer Art Seekrankheit."

Als die Piloten ihre Wagen am Morgen des Renntages während des Warm-up einem letzten Funktionstest unterzogen, war das Feld bereits reglementgemäß von 34 auf 26 zusammengeschrumpft. Unter den acht, die ihren feuerfesten Overall im Hotelzimmer lassen konnten, befand sich mit Alex Caffi auch einer der beiden Fahrer des Footwork-Porsche. Die Schwaben nahmen's locker. „Für uns beginnt die Saison erst in Imola, wenn das neue Auto fertig ist", verkündete Rennleiter Max Welti. „Ich bin überrascht, daß wir mit Michele Alboreto überhaupt einen Piloten am Start haben."

Das Schicksal von Footwork-Porsche teilten gleich drei weitere Rennställe, die während des Qualifying ebenfalls „halbiert" wurden: Jordan, der mit Vorschußlorbeeren überhäufte Neuling, AGS und Lotus. Für den Jordan-Ford kam das Aus bereits im Verlauf der einstündigen Vorqualifikation, als sich der Römer Andrea de Cesaris verschaltete. Augenrollend und achselzuckend gestand er: „Ich wollte in den sechsten Gang schalten und erwischte den zweiten." Der Achtzylinder überlebte den Angriff auf den Drehzahl-Weltrekord für Otto-Motoren nicht...

Julian Bailey und Stefan Johansson hingegen waren schlicht zu langsam, um einen der Startplätze zu ergattern. Der Brite verließ die Arena im Bewußtsein, noch viel lernen zu müssen, der Skandinavier beklagte seinen Testrückstand im Cockpit des AGS: „Daran muß ich mich erst ein-

Unten: Kein glücklicher Einstand. Der von Williams zu Ligier gewechselte Belgier Thierry Boutsen springt nach 40 Runden aus seinem Auto – Elektrikschaden ▼

Im Training lachte die Sonne. Eric Bernard ▶ (vorn) und Michele Alboreto tasten sich vor imposanter Kulisse an die Grenzen ihrer Möglichkeiten

mal gewöhnen. Das Auto ist ja überhaupt nicht gefedert und für mich deshalb vorläufig unfahrbar."

Aufgrund seiner sensationell schnellen Trainingsrunde wurde Senna vor dem Start als Sieganwärter Nummer eins gehandelt. Als „Black Horse", als Geheimfavorit, der alle theoretischen Überlegungen wie ein Kartenhaus zusammenbrechen lassen könnte, wurde Sennas Landsmann Nelson Piquet eingestuft. „Mit vollen Tanks liegt der Benetton ausgezeichnet. Wenn ich ohne Reifenwechsel-Stopp durchkomme, die McLaren und Ferrari aber anhalten müssen, dann könnte es zum Sieg reichen."

Alle Für und Wider möglicher Plazierungen waren längst ausdiskutiert, als sich das bunte Rudel der 26 Boliden zum Start formierte. Jetzt stand nur noch eine Frage im Raum: Wie diszipliniert verhält sich die Meute beim Einlenken in die erste Kurve? Ein neues Reglement droht mit Zeitstrafen, falls unfaire Fahrweise erkennbar wird, und die Prost-Senna-Rempelei von Suzuka war noch in unguter Erinnerung. Niemand zeigte Lust, mit der „FISA-Polizei" aneinanderzugeraten. Nigel Mansell versuchte zwar in dem ihm eigenen Bulldoggen-Stil auf der rechten wie der linken Pistenseite sein Glück – die Ausbeute fiel jedoch mager aus, er erwischte mit Riccardo Patrese nur einen einzigen Gegner. ▶

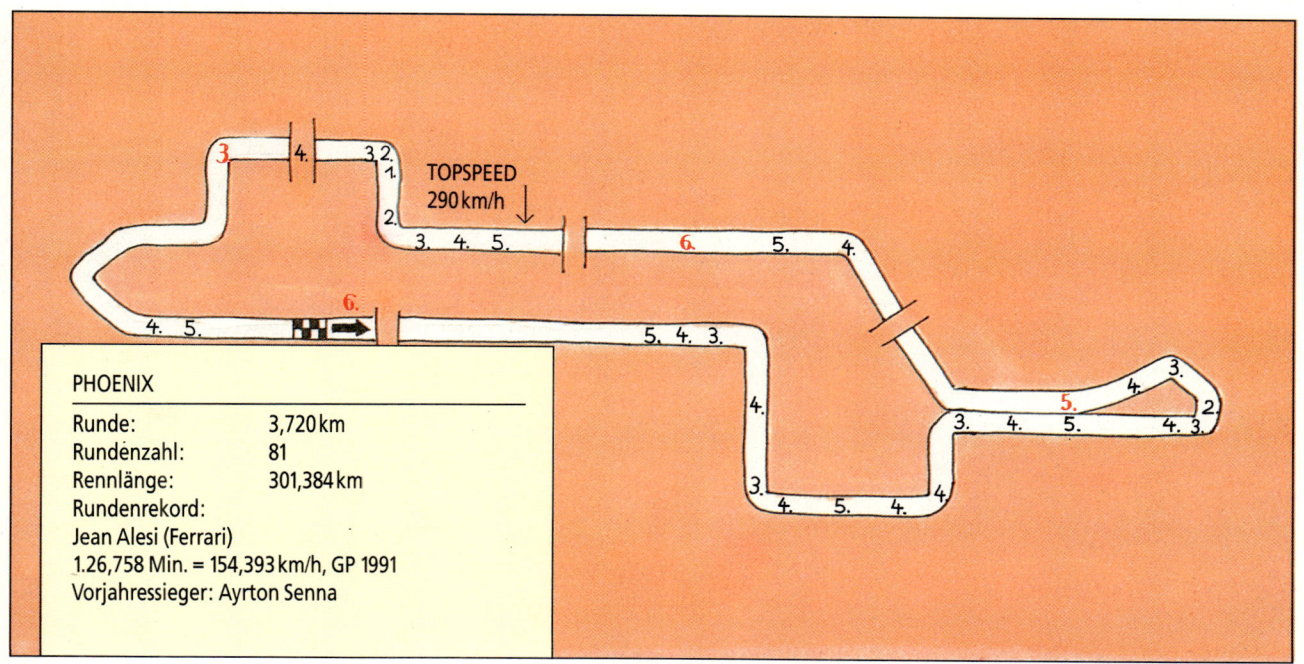

Nach zwei Jahren bescheidener Zuschauer-Resonanz lockte die Formel 1 diesmal die „Cowboys" aus den Häusern an die Piste

TOPSPEED
290 km/h

PHOENIX

Runde:	3,720 km
Rundenzahl:	81
Rennlänge:	301,384 km
Rundenrekord:	
Jean Alesi (Ferrari)	
1.26,758 Min. = 154,393 km/h, GP 1991	
Vorjahressieger: Ayrton Senna	

Schon aus der Startrunde brachte Ayrton Senna einen Vorsprung von 1,8 Sekunden auf den zweitplazierten Alain Prost mit. Damit wurde deutlich, wer das Sagen hatte. Nur die Technik könnte den Brasilianer noch stoppen, der seit dem Grand Prix von Portugal am 23. September 1990 die Zielflagge nicht mehr gesehen hatte.

Daß er mit einem leichten Getriebedefekt kämpfte, war seinen Rundenzeiten nicht anzusehen – unaufhaltsam fuhr er davon. Auch als während des achten Umlaufs die Überrundungsmanöver begannen, ließ sich Senna nicht aus dem Rhythmus bringen. Die Verfolger mußten ihre Bemühungen auf das Machbare und damit den Kampf um Platz zwei hinter dem Titelverteidiger beschränken.

Gleich sieben Piloten nahmen an dieser Schlacht teil, die keine Wünsche offenließ. Doch in der warmen Frühlingsluft Arizonas schrumpfte diese Gruppe, der jeweils die beiden Fahrer von Ferrari, Williams und Benetton sowie Gerhard Berger angehörten, im weiteren Rennverlauf immer mehr zusammen.

Zunächst verabschiedete sich Gerhard Berger, den sein Los nicht unvorbereitet traf. Im Windschatten des Williams-Renault von Riccardo Patrese stieg die Wassertemperatur, was dem Honda V12 gut 15 PS raubte. Dann leuchtete die Spritzwarnlampe auf – der Benzindruck fiel in den Keller, und der Motor starb ab.

Anschließend erwischte es geradezu vorprogrammiert auch Nigel Mansell und Riccardo Patrese, denn beim ersten Einsatz glaubte niemand so recht an die Zuverlässigkeit der neuen halbautomatischen Williams-Schaltung. Zunächst spukte es im Rücken des Briten, der in der 36. Runde keinen Gang mehr fand und sich verschwitzt aus dem engen Cockpit stemmte. „Schon nach einer Viertelstunde fing es an", gab Mansell nach seinem Fußmarsch an die Boxen zu Protokoll. „Erst verpaßte ich einzelne Gänge, dann lief gar nichts mehr." Unterm Strich war er mit den Qualitäten seines Autos allerdings so zufrieden, daß er schon laut über eine Plazierung unter den ersten drei in Sao Paulo nachdachte.

Senna lag unangefochten mit 29 Sekunden Vorsprung auf Prost in Front, als der Franzose Position zwei verlor: Der Ferrari mit Startnummer 27 bog in die Boxengasse zum Reifenwechsel ab, und weil sich hinten rechts das Rad verkantete, verstrich die kleine Ewigkeit von ▶

◀ Links: Wer zwischen den Mauern nicht richtig Maß nimmt, endet am Haken – hier erwischte es Pedro Chaves beim Training

Gerhard Berger auf der Fährte von Alain Prost (27)

Achtung Gegenverkehr! Larini in Not

JJ Letho (22) scheint Gianni Morbidelli einen interessier-
ten Blick zuzuwerfen

Am Rande des Spektakels
versuchen zwei Blondinen
den Formel 1-Stars die Show
zu stehlen

15,7 Sekunden, bevor er das Rennen wieder aufnehmen konnte.

Seinen Platz nahm Patrese ein. Der Mann aus Padua witterte Morgenluft, als auch Senna frische Gummis holte. Die McLaren-Boys zeigten wie's gemacht wird und fertigten den Brasilianer mit einem Blitz-Service in 5,8 Sekunden ab. Doch auch die An- und Abfahrt kostete Zeit. Mit 15 Sekunden – statt zuvor einer halben Minute – Vorsprung diktierte Senna das Geschehen zwar unverändert, doch nun konnte schon ein kleiner Ausrutscher den Spitzenreiter in Gefahr bringen.

Nur eine Runde später war es jedoch der Verfolger, der auf Abwege geriet. In einer unübersichtlichen Kurve stellte sich Patreses Williams quer. Die Situation sah harmlos aus, doch sollte sie für den Italiener und auch für Roberto Moreno böse Folgen haben. Aus der Sicht des Mannes aus Padua spielte sich der Zwischenfall so ab: „Plötzlich fuhr ich im Leerlauf, weil die Automatik streikte. Trotzdem hätte ich die Lage gemeistert, wenn nicht schlagartig der zweite Gang reingesprungen wäre – ich konnte den Wagen nicht mehr halten und drehte mich." Quer zur Fahrtrichtung stand der Williams, und sein Fahrer fragte sich, ob er aussteigen oder auf Schiebehilfe warten sollte. Wäre er nur ausgestiegen – seine Verfolger wurden nämlich trotz gelber Warnflaggen völlig von der Straßensperre überrascht.

Nur um Zentimeter raste Nelson Piquet an dem harten Hindernis vorbei, dann kam Moreno, und der konnte nicht mehr ausweichen. Es krachte gewaltig, doch die Kohlefaser-Röhren boten beiden Fahrern ausreichenden Schutz.

Jetzt hatte das Rennen mit Jean Alesi den dritten Piloten auf Position zwei, doch auch ihm brachte sie kein Glück. Rauch kräuselte sich aus dem Heck des Ferrari – unmißverständlich kündigte sich ein Getriebeschaden an. Nelson Piquet schloß auf, doch als lachender Dritter vernaschte Alain Prost gleich alle beide durch einen sehenswerten Angriff. Der Auftakt Grand Prix der Saison 1991 war entschieden, Erfahrung und Klasse hatten sich durchgesetzt: Ayrton Senna, Alain Prost und Nelson Piquet – sie repräsentieren gemeinsam acht WM-Titel – behaupteten sich gegen 23 Konkurrenten, von denen noch niemand auf dem Thron des Champions saß.

Wie eine Kröte schluckten die Konkurrenten den dominierenden Auftritt Ayrton Sennas. Entsprechend kündigten für die zweite Runde des Championats Revanche an. Alain Prost, der den Sieg seines Widersachers ausschließlich mit den Qualitäten von Chassis und Motor begründete, versprach, Ferrari sei auf schnelleren Kursen wesentlich stärker. Bei Williams äußerte sich Konstrukteur Patrick Head zuversichtlich, das Getriebe rechtzeitig für Interlagos standfest machen zu können ... ∎

Immer an der Wand lang: Jean Alesi und Riccardo Patrese auf der Suche nach der Ideallinie

Keine „Gnade" für den Sieger. Dennis (li.) und Balestre duschen Ayrton Senna

Stets mit ihren Männern auf Reisen: Stella Gugelmin (re.) und Roberto Morenos Freundin

Rennergebnis

Platz	Fahrer	Runden	Zeit	Punkte
1.	Senna	81	2:00.47,828 Stunden Schnitt: 149,018 km/h	10
2.	Prost	81	16,322 Sekunden zurück	6
3.	Piquet	81	17,376 Sekunden zurück	4
4.	Modena	81	25,409 Sekunden zurück	3
5.	Nakajima	80	1 Runde zurück	2
6.	Suzuki	79	2 Runden zurück	1

Der exclusive Corrado.
Und die Sache mit der Ausstattung.

Es gibt immer noch Leute, die sportlich mit spartanisch gleichsetzen. Eine Auffassung, die wir ganz und gar nicht teilen.

Erst recht nicht, wenn es um Sportwagen geht – an der serienmäßigen, exclusiven Ausstattung dieses Corrado können Sie es erkennen.

Zum Beispiel der Innenraum in Leder-Ausstattung. Oder die beheizbaren Recaro Sportsitze. Wahlweise ist eine Stoff-/Leder-Kombination erhältlich.

Die Fenster lassen sich ebenso elektrisch öffnen und schließen wie das Schiebe-/Ausstelldach. Ihre Lieblingsmusik können Sie über das Radio-Cassettengerät „gamma" aus 6 Aktivboxen genießen.

Wie gefällt Ihnen die Metallic-/Perleffekt-Lackierung? Sie verleiht diesem Corrado – zusammen mit den BBS-Felgen – schon eine ganz besondere Ausstrahlung.

Auch die Technik ist vom Feinsten:

High-Tech-Fahrwerk, Servolenkung, ABS und ein Heckspoiler, der bei Tempo 120 automatisch ausfährt und den Anpreßdruck erhöht.

Das beste wird sein, Sie starten zu einer exclusiven Probefahrt. Erleben Sie selbst, daß es in einem Sportwagen keineswegs spartanisch zugehen muß. Sondern ausgesprochen exclusiv.

**Volkswagen –
da weiß man, was man hat.**

Gruppenbild mit Boss

Zum Beginn der Rennsaison 1991 präsentierte sich FISA-Präsident Jean-Marie Balestre stolz mit 27 der 34 Formel 1-Piloten. Die Erzrivalen Ayrton Senna und Alain Prost halten einen gehörigen Sicherheitsabstand. Vier Monate zuvor hatte sich der Franzose in Adelaide geweigert, gemeinsam mit seinem Nachfolger auf dem Weltmeister-Thron abgelichtet zu werden.

Stehend von links: Moreno, Patrese, Suzuki, Gachot, Morbidelli, Capelli, Gugelmin, Balestre, Senna, Larini, Martini, Tarquini, JJ Lehto, Boutsen, van de Poele, Häkkinen

Sitzend von links: Piquet, Prost, Alesi, Mansell, Berger, Pirro, Modena, Nakajima, Brundle, Blundell, Alboreto, Bernard

McLaren
Honda

1

Ayrton Senna

Brasilianer, geb. 21.3.1960 in Sao Paulo. Ledig. 110 GP seit 1984 auf Toleman, Lotus, McLaren. 26 Siege, 52mal Trainingsschnellster (Weltrekord), Weltmeister 1988 und 1990 auf McLaren.

Im Vorjahr hatte die FISA dem Südamerikaner wegen „rüder Fahrweise" den Entzug der Lizenz angedroht. Der zweifache Weltmeister und Titelverteidiger zeigte sich daraufhin frustriert. Er klagte über Motivationsprobleme. Diese sind jetzt voll überwunden und der McLaren-Star wird erneut stark genug sein, die Schlüsselrolle im Kampf um den Titel spielen zu können. Kein anderer Pilot lebt so bewußt und intensiv für „seinen" Sport, wie Ayrton Senna. Der Brasilianer begründet diese Einstellung mit seiner Weltanschauung: „Es befriedigt mich, wenn ich meine Arbeit hundertprozentig erledige."

2 Gerhard Berger

Österreicher, geb. 27.8.1959 in Wörgl. Ledig, ein Kind. 99 GP seit 1984 auf ATS, Arrows, Benetton, Ferrari und McLaren, 5 Siege, 6mal Trainingsschnellster.

Stichtag
für alle Informationen (Zahl der Siege, Zahl der Rennen, usw.) ist der **9. März 1991** – der Tag vor dem Saisonstart 1991.

Nach eigener Aussage, würde er „Millionen für den WM-Titel zahlen", dem er nun im siebten Jahr nachläuft. Steil war Gerhard Bergers Aufstieg in der Formel 1, wo er sich schnell in den Kreis der Besten fuhr. Noch 1986 nahm ihn Benetton nur als aufgezwungene BMW-Mitgift. Nur ein Jahr später holte ihn Ferrari mit Kußhand nach Maranello. 1990 dann der Wechsel zu McLaren und der große Frust, den er jetzt vergessen machen will.

Die Rolle, die Bayern München in der Fußball-Bundesliga während der letzten Jahre spielte, besetzt in der Formel 1 McLaren: Der Weg zur jeweiligen Meisterschaft führte über sie als die tonangebenden Mächte.

Nachdem er sich durch die Konstruktion von Sportwagen Mut gemacht hatte, stieg Firmengründer Bruce McLaren 1966 ins Grand Prix-Geschäft ein, das gerade in die 17. WM-Saison ging.

Obwohl der Neuseeländer persönlich zwei Jahre später in Belgien den ersten Sieg herausfahren konnte, hielten sich die sportlichen Erfolge zunächst in Grenzen. Als Bruce McLaren 1970 bei Testfahrten am Steuer eines CanAm-Eigenbaus in Goodwood tödlich verunglückte, standen gerade vier Grand Prix-Siege in den Büchern.

Nach dem Tod des Chefs nahm der amerikanische Rechtsanwalt Teddy Mayer die Geschicke des Rennstalls in die Hand. Mayer war es, der McLaren 1976 an die Spitze brachte. Begünstigt durch das Pech seines Konkurrenten Niki Lauda, der wegen eines schweren Unfalls dreimal nicht an den Start gehen konnte, wurde James Hunt auf McLaren-Ford Weltmeister.

1977, in der Saison der Titelverteidigung, konnte McLaren noch drei Siege heimfahren. Dann aber folgten magere Jahre. Der Grundstein für das spätere, lang anhaltende Hoch wurde erst durch einen erneuten Management-Wechsel gelegt. Nachdem der Brite Ron Dennis, als Teamchef in den Formeln 3 und 2 sowie der Procar-Serie aktiv, im Herbst 1979 vergeblich seine Dienste angeboten hatte, war ein zweiter Anlauf im Jahr 1980 erfolgreich. Unter Druck des Hauptsponsors Marlboro, der Erfolge sehen wollte, ging Mayer auf Dennis' Bedingung ein: Konstrukteur Gordon Coppuck wurde durch John Barnard ersetzt.

Noch im September 1980 wurde die Fusion von McLaren und Ron Dennis' „Project Four Racing" bekanntgegeben: McLaren International war geboren. Der Name des Dennis-Teams findet sich heute noch in der Typenbezeichnung wieder: MP4 ist das Kürzel für „Marlboro Project Four".

Innerhalb von zehn Jahren brachte es Ron Dennis vom Rennmechaniker zum Formel 1-Teamboß, und der ehrgeizige Brite ging sofort aufs Ganze. Dennis setzte auf modernste Techniken. Bereits 1982 gelangen vier Siege. Dann wurde, finanziert durch die neue Partner-Firma TAG, Porsche mit der Konstruktion eines Turbo-Motors beauftragt. Nach nur einem Lehrjahr holte sich McLarens Star-Pilot Niki Lauda knapp vor seinem Teamkollegen Alain Prost den WM-Titel. Teddy Mayer und Tylor Alexander, zwei McLaren-Männer der ersten Stunde, waren zu diesem Zeitpunkt längst nicht mehr mit von der Partie. Dennis hatte dem Duo nach langen Verhandlungen im Dezember 1982 die persönli-

McLaren-Teamchef Ron Dennis

Neil Oatley, der verantwortliche Konstrukteur

chen Firmenanteile (Mayer besaß immerhin noch 45 Prozent) abgekauft.

Unter der Regie von Ron Dennis gewannen Niki Lauda, Alain Prost und Ayrton Senna seit 1984 sechs Weltmeisterschaften, und in dieser Phase bewies der Chef seinen Weitblick. So wechselte er – mit Instinkt und Fachwissen – den Motorenlieferanten und ließ 1988 von Porsche auf Honda umrüsten.

Auch 1991 zählt McLaren-Honda zu den absoluten Favoriten-Teams. Die Konkurrenz hat allerdings sichtbar aufgeholt und der Saisonverlauf muß zeigen, ob Hondas Antwort – der Wechsel vom Zehn- zum Zwölfzylinder – ausreicht, dem Ansturm zu trotzen.

**MOTOR: Honda V 12, 60 Grad, 3,5 l, ca. 710 PS.
REIFEN: Goodyear
SPONSOREN: Marlboro, Shell, Boss, TAG, Heuer**

Gerhard Berger geht während des Trainings in Phoenix auf Zeitenjagd

Hier schreibt Gerhard Berger über seinen Teamkollegen Ayrton Senna – und sich

Gerhard Berger (links) und Ayrton Senna grübeln, wie sie weitere Zehntel finden können. Geheimnisse gibt es zwischen den beiden nicht

Das Jahr 1991 ist mein achtes in der Formel 1. Oder, anders ausgedrückt, meine siebente volle Saison. Denn die Handvoll Rennen in 1984 kann man eigentlich nicht voll rechnen. Auch wenn ich Günter Schmid noch heute dafür dankbar bin, daß er mir auf so unbürokratische Weise, und noch dazu auf einem Auto, das einfach zu fahren war, den Einstieg in die Formel 1 ermöglicht hat.

Zu Beginn meiner Laufbahn in der obersten Kategorie des Motorsports hat man mich einige Male zum großen Aufsteiger gestempelt. Im vergangenen Jahr war ich dann für viele der Verlierer des Jahres. Auf österreichisch könnte man auch sagen: Der Trottel der Saison.

Ich meine, das eine stimmt so wenig wie das andere.

Sicherlich: Am Anfang ging alles unheimlich schnell. Vier Rennen mit dem ATS, dann ein Jahr Arrows, wo du eigentlich nur gut ausschauen kannst: Bist' gut, bist's du selber, bist' schlecht, ist's das Auto, von dem eh keiner was erwartet. Dann, nach der ersten vollen Saison, schon Benetton. Ein angehendes Top-Team, der erste Grand-Prix-Sieg, und am Ende des Jahres, es war 86, konnte ich zwischen Ferrari und McLaren wählen. Welchem Einsteiger ist das schon einmal passiert?

Seit 1986 mit Benetton habe ich jedes Jahr wenigstens einen Grand Prix gewonnen – bis 1990 bei McLaren. Im besten Team. Und wenn dir dann im gleichen Jahr dein Kollege eine Pole-Position nach der anderen um die Ohren knallt, sechs Rennen gewinnt und Weltmeister wird, dann schaust' natürlich alt aus. "Der Berger kann nicht Auto fahren", heißt es dann gleich. Mag sein, daß all jene, die meinen Wechsel zu McLaren und Senna für einen Fehler hielten, sich jetzt bestätigt fühlen. Das kann ich nicht ändern. Ich weiß nur, für mich war dieser Wechsel das Beste, was mir passieren konnte. Auch wenn ich, das geb' ich schon zu, mir die Saison 1990 auch ein bisserl anders vorgestellt hab'.

Senna und Prost waren die überragenden Piloten der vergangenen Saison, da gibt's für mich überhaupt keine Frage. Senna, und für Prost gilt das noch mehr, ist in den letzten Jahren noch dazu viel fleißiger gewesen als ich. Der Unterschied zwischen meinen Ferrari-Jahren und dem ersten McLaren-Jahr, wo ich Senna bei der Arbeit erlebt hab', ist ungefähr so, wie wennst' vom Paradies in einen Bergwerksstollen kommst. Bei Ferrari bin ich nach dem Training eine halbe Stunde mit einem Ingenieur zusammengesessen, hab' ihm gesagt, mein Auto tut da und da übersteuern, zu hart ist es auch, dann hab' ich ihm auf die Schulter geklopft und gemeint, morgen in der Früh' sollt' es halt nicht mehr übersteuern, und dann bin ich Schmäh reden gegangen. Dazu muß ich auch sagen, daß ich vom Speed her mit meinen Teamkollegen nie Probleme gehabt hab', egal ob sie Fabi, Alboreto oder Mansell hießen. Beim Nigel hab' ich schon auf die Zähne beißen müssen, sicher, und eigentlich hab' ich mir gedacht, viel schneller kann der Senna auch nicht sein.

Aber da hab' ich mich geirrt. Nicht nur, daß der Senna viel schneller ist. Was den Unterschied ausmacht, ist sein Fleiß. Er arbeitet wie ein Besessener, der weiß alles, kennt alles, informiert sich über alles, und wenn's das Drehmoment von der unwichtigsten Schraube ist. Ich erinnere mich gut an das Rennen von Spa im letzten Jahr. Ayrton kam von der Pressekonferenz zurück, verschwitzt und im Overall, und dann hat er die Techniker noch drei Stunden lang festgehalten und ihnen bis ins kleinste geschildert hat, was ihm am Auto nicht gepaßt hat. Und das war ein Rennen, das Senna gewonnen hatte! Die stundenlangen Diskussionen, oder weil er fünf Stabi zehnmal hin und her dreht, bevor er sich für einen entscheidet, das sind die vier oder fünf Sekunden, die er am Schluß vorne ist. Weil er dann eben doch den weicheren Reifen hat fahren können, von dem man vorher geglaubt hat, es geht nicht.

Die Kleinigkeiten oder deren Summe machen den Unterschied. Gerade jetzt bei den Saugern, wo es um minimale Vorteile geht. Früher, bei den Turbos, hat am Schluß eh jeder zurückdrehen müssen, um nicht ohne Sprit liegenzubleiben. Die Verbrauchsformel hat viel nivelliert. Das ist jetzt vorbei.

Die Arbeits- und Denkweise von Senna und Prost geben den Ausschlag, daß sie die zwei besten Piloten sind. Ich glaub', daran wird sich auch 1991 nichts ändern. Ich versuche, den gleichen Weg zu gehen, aber ich weiß, daß ich noch weit davon entfernt bin. Die drei Jahre, die ich bei Ferrari in der Sonne gelegen habe, muß ich jetzt aufholen.

Es hilft mir, daß ich zu Senna ein Super-Verhältnis habe. Wir sind absolut offen zueinander, jeder respektiert den anderen, es gibt keine linken Aktionen. Ganz ehrlich: Von allen Teamkollegen, die ich bisher gehabt habe, ist er mir der liebste. Im vergangenen November haben Ayrton und ich in Australien beim Abendessen gesessen mit ein paar alten Champions; Juan-Manuel Fangio war dabei und auch James Hunt. Auf einmal hat der Senna zu Erzählen angefangen, nicht von seiner, sondern von meiner Saison. Daß ihn noch nie einer so wie ich gefordert hat, daß er in Bereiche des Schnellfahrens vorgestoßen ist, in denen er noch nie zuvor war, und daß ihm dieser Druck für die WM unheimlich viel geholfen hat. Das hat mich motiviert, weil ich weiß, daß es ehrlich gemeint war und weil es zeigt, daß ich Senna im letzten Jahr nähergekommen bin. Er selber weiß es allerdings auch. Und wird 1991 härter arbeiten als je zuvor.

Langweilig wird's in diesem Jahr also nicht werden. Den Zuschauern nicht, egal ob an der Strecke oder vor dem Fernseher. Und mir schon gar nicht. ∎

23

Tyrrell Honda

3 Satoru Nakajima

Japaner, geb. 23.2.1953 in Okazaki. Verheiratet, ein Kind. 58 GP seit 1987 auf Lotus und Tyrrell. Kein Sieg.

Der Mann ist besser als sein Ruf. Als erster japanischer Vollzeit-F1-Pilot wurde Satoru Nakajima lange belächelt. Tatsächlich ist er – auf schnellen Kursen – durchaus konkurrenzfähig. 1989 fuhr er im verregneten Adelaide sogar die schnellste Runde des Rennens. Unterm Strich hat ihn Ken Tyrrell allerdings nur unter Vertrag, weil Nakajima-San mithalf, den Weg zu Honda zu ebnen.

4 Stefano Modena

Italiener, geb. 12.5.1963 in Modena. Ledig. 42 GP seit 1987 auf EuroBrun und Brabham. Kein Sieg.

Der Italiener zählt zu den kuriosesten Typen in der Formel 1. Weil er an die Rennstrecken kommt, „um zu fahren und nicht um zu sprechen", ist er schweigsam wie ein Grab. Extrem abergläubisch, schnallt er sich stets im Cockpit selbst an. Wie eine Rakete stieg er vom Nobody zum F 3000-Meister auf, dann wurde es ruhig um ihn, denn in der F 1 erhielt er als Brabham- und EuroBrun-Pilot bisher nur Material zweiter Klasse. Am Steuer des Tyrrell wird er „aufwachen".

Nach bitteren Jahren der Enttäuschungen und Niederlagen ist der britische Rennstall wieder gerüstet, weit vorn mitzufahren. Zwei Jahrzehnte ist es her, da stand die Truppe ganz oben. 1968 hatte Ken Tyrrell den Sprung in die Formel 1 gewagt und war mit dem aufstrebenden Jackie Stewart auf Anhieb recht erfolgreich. Bis Ende 1969 kooperierte das Team mit Matra, dann wurde ein hauseigener Bolide „auf Kiel gelegt". Bis der erste Tyrrell im Rennjahr 1970 rollte, setzte der Chef Autos des Formel 1-Einsteigers March ein. 25 mal siegte Stewart in Tyrrells Diensten auf Matra, March und der Eigenkonstruktion. Ein Erfolg ging auf das Konto von Francois Cevert, der 1971 in Watkins Glen gewann. Dann riß der Faden, denn kurz nach dem Rücktritt des Schotten zum Saison-Ende 1973 verließ auch der exzellente Techniker Derek Gardner das Team. Er setzte sich in die Industrie ab.

Vom „Jahr 1 nach Stewart" bis heute kleckerte Tyrrell insgesamt sieben Siege zusammen – der letzte datiert aus dem Jahr 1983. Selbst revolutionäre Konstruktionen, wie der legendäre Sechsrad-Tyrrell P34, konnten das Blatt nicht entscheidend wenden.

Als Nachzügler-Truppe war der Rennstall für Sponsoren nicht mehr interessant, und ohne Geld rückte das angestrebte Comeback auf dem Siegerpodest in immer weitere Ferne. 1984 wurde Tyrrell sogar nachträglich für die ganze Saison disqualifiziert. Angeblich setzte das Team untergewichtige Autos ein, die jeweils kurz vor Rennende durch unerlaubte Ballaststoffe aufgepäppelt wurden. Der letzte Beweis dafür konnte allerdings nicht erbracht werden.

Ende der 80er Jahre stand der Rennstall vor dem Kollaps. Wäre ein Käufer aufgetaucht, Ken Tyrrell hätte den kompletten Laden vermutlich abgestoßen. Die Wende kam mit dem

Der Technische Direktor Dr. Harvey Postlethwaite arbeitet seit mehr als einem Vierteljahrhundert im Grand-Prix-Geschäft

Teamchef Ken Tyrrell gilt als der große Spezialist im Aufspüren von Talenten. Oft schnappten ihm Konkurrenten seine „Juwelen" weg

Tyrrell 018, Jean Alesi und der Unterstützung durch Ron Dennis. Der Ruf konnte schrittweise aufpoliert werden, und für das laufende Rennjahr stellt Honda sogar den Weltmeister-Motor der Saison 1990 zur Verfügung. Damit sind Siege wieder in greifbarer Nähe – falls Pirelli das Team nicht vernachlässigt, weil sich alle Kräfte auf Benetton konzentrieren.

Oben: Mit dem sechsrädrigen P 34 sorgte Tyrrell in den 70er Jahren für Aufsehen. Heute würde die Derek Gardner-Konstruktion verboten: Mehr als vier Räder sind nicht mehr erlaubt

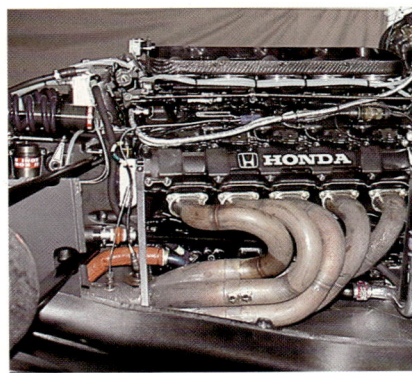

MOTOR: Honda V 10, 72 Grad, 3,5 l, ca. 700 PS.
REIFEN: Pirelli
SPONSOREN: Braun, EPSON, Shell, PIAA, Essilor.

1964 BEGANNEN WIR ZU LERNEN.
HEUTE LERNEN ANDERE VON UNS.

Mit einem 1,5-Liter-Zwölfzylindermotor debütierte der erste Honda Formel 1-Rennwagen beim Großen Preis von Deutschland auf dem Nürburgring 1964. Der RA 271 erreichte mit Ronnie Bucknum am Steuer Rang 13.

Der weiterentwickelte RA 272 mit Benzineinspritzung, gefahren von Richie Ginther, errang 1965 in Mexiko den ersten Grand Prix-Sieg für Honda. Es war das letzte Rennen in der 1,5-Liter-Formel.

Der Honda RA 300 mit 3-Liter-V12-Motor leistete 420 PS. Mit ihm gewann John Surtees 1967 in Monza den Grand Prix von Italien.

Im RA 301 konnte die Leistung des V12 auf 450 PS bei 11.000 U/min^{-1} gesteigert werden. Erstmals verwendete Honda bei diesem Modell Front- und Heckspoiler. John Surtees belegte mit dieser Version den zweiten Platz im Französischen Grand Prix 1968.

Nach 15jähriger Unterbrechung kehrte Honda 1983 als Motorenlieferant in die Formel 1 zurück. Der Spirit Honda 201 C mit 1,5-Liter-V6-Twin-Turbomotor wurde mit Stefan Johansson am Steuer in der zweiten Saisonhälfte eingesetzt.

Der Williams Honda 1,5-l-V6-Twin-Turbo FW 10 war der erfolgreichste F1-Rennwagen der Saison 1986. Nelson Piquet und Nigel Mansell siegten in 9 von 16 Rennen und sicherten damit für Honda die erste Formel 1-Konstrukteursweltmeisterschaft.

In der letzten Turbo-Saison setzten Ayrton Senna und Alain Prost auf dem McLaren-Honda MP 4 neue Maßstäbe: Sie gewannen 15 von 16 Rennen der Saison 1988. Das bedeutete für Honda die dritte Konstrukteurs- und die zweite Fahrer-Weltmeisterschaft in Folge. Die Motorleistung des 1,5-Liter-V6 war aufgrund der Turbo-Ladedruckbegrenzung von ehemals über 1000 PS auf 685 PS zurückgegangen.

Nach dem souveränen Gewinn beider Titel in der Formel 1-Saison 1989 gewann der McLaren Honda MP 4/56, gesteuert von Ayrton Senna und Gerhard Berger, ebenfalls die Formel 1-Weltmeisterschaft 1990. Der 3,5-l-V10-Zylinder-Motor leistet mehr als 650 PS und ist gut für Höchstgeschwindigkeiten über 300 km/h. Eine spektakuläre Sieges-Serie: der vierte Fahrer- und der fünfte Konstrukteursweltmeisterschaftstitel in Folge.

Honda Deutschland GmbH, Offenbach/M.

Williams
Renault

5 Nigel Mansell

Engländer, geb. 8.8.1954 in Upton-on-Seven. Verheiratet, zwei Kinder. 149 GP seit 1980 auf Lotus, Williams und Ferrari. 16 Siege, 15mal Trainingsschnellster.

Die Karriere des Nigel Mansell begann zögerlich, wie die seines neuen, „alten" Teams. 1980 gab er sein F1-Debüt auf Lotus. Colin Chapman glaubte an das Talent des Engländers, doch Erfolge blieben aus. Er siegte erst nach mehr als 70 Anläufen, nachdem er 1985 zu Williams gewechselt war. Zweimal – 1986 und 1987 verpaßte er den WM-Titel nur knapp. Nach zwei recht fruchtlosen Jahren bei Ferrari, kehrte er jetzt zu Williams zurück.

Stichtag
für alle Informationen
(Zahl der Siege,
Zahl der Rennen, usw.)
ist der **9. März 1991**
– der Tag vor dem Saison-
start 1991.

6 Riccardo Patrese

Italiener, geb. 17.4.1954 in Padua. Verheiratet, drei Kinder. 208 GP seit 1977 auf Shadow, Arrows, Alfa Romeo, Brabham und Williams. 3 Siege, 3mal Trainingsschnellster. Dienstältester Formel 1-Pilot.

Den ersten Grand Prix fuhr er 1977 auf Shadow. Sein damaliges Team existiert heute nicht mehr, und keiner seiner ersten Gegner ist 1991 in der Formel 1 noch aktiv. Riccardo Patrese, dienstältester Fahrer der Formel 1, hat auch in schwersten Zeiten sein Engagement und seine Begeisterung nicht verloren. Im Juli 1990 durchbrach er als erster die „Schallmauer" von 200 GP-Starts und sagte über sich selbst: „Ich bin wie der Wein – je älter, je besser."

Bei keinem anderen Team ist der Beginn der Formel 1-Aktivitäten so schwierig zu bestimmen, wie bei Williams. Natürlich weiß jeder richtige Fan, daß erstmals zu Saisonbeginn 1975 in Buenos Aires F 1-Autos auftauchten, die den Namen Williams trugen. Arturo Merzario und Jacques Laffite pilotierten die Wagen recht glücklos – beide konnten sich nicht plazieren.

Frank Williams, der Boß, blickte zu diesem Zeitpunkt allerdings schon auf sechs Rennjahre im Grand Prix-Sport zurück. Vergleichbar mit den legendären Persönlichkeiten Alfred Neubauer und Enzo Ferrari, scheiterte der Brite als Rennfahrer. Eiserner Wille und schier grenzenloser Enthusiasmus ließen ihn 1969 jedoch einen eigenen Rennstall auf die Beine stellen. Dabei setzte er auf das Brabham-Chassis und die Fahrkünste seines Landsmanns Piers Courage.

Nach spektakulären Erfolgen – Courage holte in Monaco und Watkins Glen je sechs WM-Punkte, in Monza führte er sogar kurzfristig – erlebte Williams 1970 einen furchtbaren Rückschlag: Nach dem Umstieg von Brabham auf De Tomaso verunglückte Piers Courage in Zandvoort tödlich. Weder Brian Redman noch Tim Schenken konnten den Stammpiloten ersetzen.

Vier weitere erfolglose Jahre knüpften sich nahtlos an: Frank Williams wechselte erneut den Chassis-Lieferanten und baute nacheinander auf March, Politoys und ISO. Der entscheidende Durchbruch gelang nicht. Williams hatte längst den Ruf des ewigen Hinterbänklers, und daran änderte sich auch nichts, als er 1975 erstmals Autos unter eigenem Namen an den Start brachte. Der von Ray Stokoe „verbrochene" Williams FW04 wurde mit Recht als primitive Konstruktion eingestuft – auch wenn Jacques Laffite die Hitzeschlacht auf dem Nürburgring mit viel Glück als zweiter beendete.

Der desolate Zustand des damaligen Teams wird deutlich, wenn man sich an die eingesetzten Piloten erinnert. Mit Arturo Merzario, Jacques Laffite, Tony Brise, Ian Scheckter, Damien Magee, Francois Migault, Ian Ashley, Jo Vonlanthen, Renzo Zorzi und Lella Lombardi versuchten zehn (!) Fahrer – darunter auch weniger Begabte – ihr Glück. Williams nahm jeden, der ein paar Dollar mitbrachte, denn finanziell stand er kurz vor dem Ruin.

Selbst als Jacky Ickx – aus reiner Freundschaft – 1976 die Williams bewegte, tat sich nichts. In der folgenden Saison hielt sich Überlebenskünstler Williams mit einem Ein-Wagen-Team über Wasser: Der Belgier Patrick Neve fuhr einen March, die Eigenkonstruktion wurde auf Eis gelegt. Erst anschließend, im zehnten Anlauf, platzte der Knoten. Auf seiner ruhelosen Suche nach Sponsoren-Geldern fand Williams mit der saudischen Fluggesellschaft Saudia endlich einen potenten Geldgeber. Zudem schenkte er dem noch namenlosen Konstruk-

Teamchef Frank Williams – ein Energiebündel trotz Querschnittslähmung

An der Seite von Williams wuchs Ingenieur Patrick Head vom Nobody zum Star

teur Patrick Head, der sich schnell als Könner der Extraklasse erwies, Vertrauen.

Ab 1979 wurden Früchte geerntet: Alan Jones, Keke Rosberg und Nelson Piquet errangen auf Williams den Weltmeister-Titel. Zudem gewann das Team viermal die Konstrukteurs-WM und mehr als 40 Grand Prix'. Auch ein schwerer Schicksalsschlag – seit einem Verkehrsunfall im Frühjahr 1987 ist der Chef querschnittgelähmt – brachte den Rennstall nicht mehr vom Erfolgskurs ab. Gestärkt durch modifizierte Renault-Motoren und Nigel Mansell, der auf Williams das Siegen lernte, zählt das Team auch 1991 zum engeren Favoriten-Kreis.

MOTOR: Renault V 10, 67 Grad, 3,5 l, ca. 680 PS.
REIFEN: Goodyear
SPONSOREN: Canon, Camel, Elf, Labatt's.

Riccardo Patrese nimmt Anlauf für eine schnelle Runde. Der Sticker auf dem linken Vorderreifen zeigt, daß er noch nicht ernst macht

Team-Kollegen auf gemeinsamen „Feindflug" – Riccardo Patrese (links) und Heimkehrer Nigel Mansell in der Hauptstadt Arizonas

Die 125. von 7000 U/min.

DER RENAULT 19 16 V.

DAS GROSSE WOW VON 16 V.

WOW. Das ist prima vista die Meinung
der Experten über den 99 kW (135 PS)-
Motor und die Fahrleistungen des Renault 19
16 V. Über die Sportsitze und den groß-

dimensionierten Innenraum mit Platz für
Köpfe, Arme und Beine. Über das Sport-
lenkrad, mit dem man jede Fahrsituation
sicher im Griff hat. Ja, und über den Plip!

Mit dem sich die Zentralverriegelu...
3 m Distanz (plip!) öffnen und (
schließen läßt. Über ABS, elektrisch
sterheber vorn, Radio-Bedienungs...

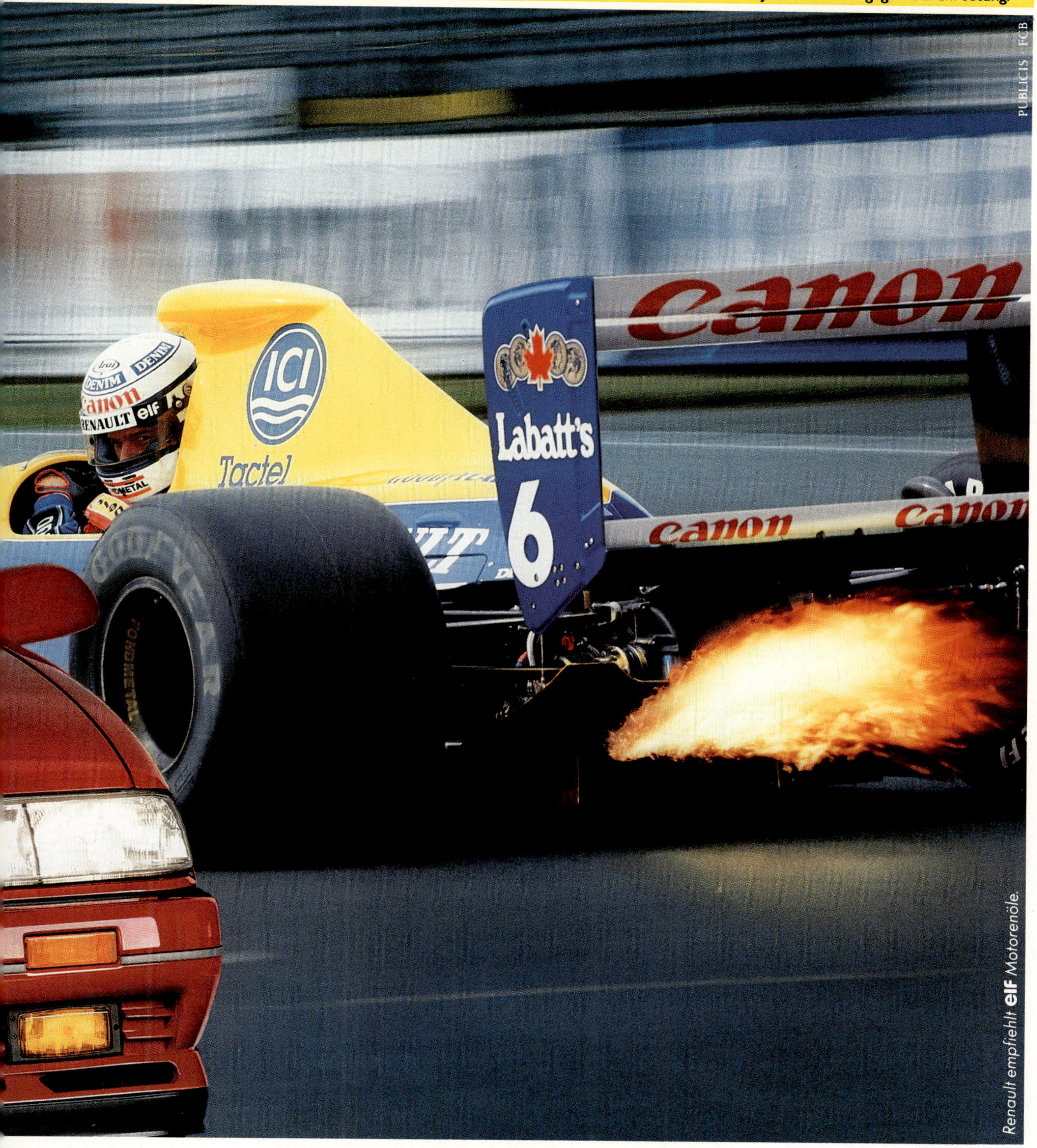

ANN, IST DAS EIN TYP.

Wunsch) und all die Dinge, die das Fah-
eichter und komfortabler machen. Ergo
Leben. WOW. Das ist das Urteil der
rten über die Form, in der das alles

verpackt ist. Es scheint, als hätten wir mal
wieder einen Sieger auf die Räder gestellt.
Denn im Rennen um die Gunst der Käufer hat
der Renault 19 16 V verdammt gute Karten.

RENAULT
AUTOS ZUM LEBEN.

Brabham
Yamaha

7 Martin Brundle

Engländer, geb. 1.6.1959 in Kings Lynn. Verheiratet. 69 GP seit 1984 auf Tyrell, Zakspeed, Williams und Brabham. Kein Sieg.

Er war der Fahrer, der einem gewissen Ayrton S. 1983 in der Formel 3 als einziger die Stirn bieten konnte. Bis heute hat er vergeblich versucht, Sennas Tempo auch in der Formel 1 mitzugehen, doch unbeirrt hat er dieses Ziel nicht aus den Augen verloren. Nach einem Jahr F 1-Pause ist Martin Brundle jetzt „back on stage", und er strotzt vor Selbstbewußtsein, das er als Gruppe C-Champion der Saison 1990 aufpolierte.

Nach einjähriger Pause macht der japanische Autokonzern Yamaha jetzt wieder mit, und dieser zweite Anlauf ist sehr ernst zu nehmen. Der schwachbrüstige Achtzylinder, mit dem Yamaha 1989 in die Formel 1 einstieg, ist längst ausrangiert und wurde durch einen V12 ersetzt. Bei Testfahrten versprach er Zuverlässigkeit und Power. Nach den Wirren der letzten Jahre kann Brabham einen starken Partner nur allzu gut gebrauchen, denn der Glanz vergangener Tage ist beinahe schon vergessen.

Jack Brabham rief das Team 1962 ins Leben. Anfang der 70er ging es in den Besitz von Bernie Ecclestone über, der es erfolgreich führte. „Mister Eierstein" fühlte sich jedoch zu Höherem berufen, als den kleinen Teamchef zu spielen. Im Verlauf einer sehr undurchsichtigen Aktion wurde der Rennstall – auf dem Umweg über Alfa Romeo – an den Schweizer Joachim Lüthi veräußert. Der aber verschwand im August 1989 wegen des Verdachts auf betrügerische Machenschaften hinter schwedischen Gardinen.

Seit dem Vorjahr gehört das Traditionsteam Brabham der japanischen Middlebridge Group. Regie an den Boxen führt allerdings – wie schon zu Ecclestones Zeiten – Herbie Blash. Es ist an der Zeit, etwas für das Image zu tun: Der letzte Sieg geht auf die Saison 1985 zurück, als Nelson Piquet in Le Castellet neun Punkte holte. Um an diese Zeit anknüpfen zu können, scheint Yamaha der richtige Verbündete. Ohne dies je an die große Glocke gehängt zu haben, engagiert sich das Werk allein aus einem Grund: Man will Honda zeigen, wo es lang geht! Das Ziel mag hochgesteckt sein, doch darf nicht übersehen werden, daß Yamaha im Vergleich zu Honda ein Gigant ist.

Am Erfolgsrezept Hondas orientiert man sich strikt: 1983 hatte Honda beim Wiedereinstieg in die Formel 1 das schwache Spirit-Team mißbraucht, um logistische Studien zu treiben. Yamaha wählte 1989 den deutschen Zakspeed-Stall und schickte den „Mohren" kalt lächelnd in die Wüste, als er seine Schuldigkeit getan hatte. 1990 fuhr das Brabham-Team zwei magere WM-Pünktchen heim. Sie reichten aber immerhin aus, den achten Rang in der Konstruktions-WM zu belegen.

8 Mark Blundell

Im Auftrag der Middlebridge Group steht Herbie Blash der Brabham-Truppe vor

Chef-Techniker Sergio Rinland will das Traditions-Team wieder nach vorn bringen

Engländer, geb. 8.4.1966 in Barnet. Ledig. Formel 1-Debütant.

Für japanische TV-Reporter ein kaum unüberwindliches Problem: den Nachnamen von Mark Blundell müssen sie genauso aussprechen, wie den seines Team-Kollegen Brundle. Dennoch ist es kein Werbegag Yamahas. Blundell empfahl sich vielmehr durch gute Auftritte in der britischen Formel 3-Meisterschaft und am Steuer von F 3000-Boliden. Ob Blundell tatsächlich das Zeug zu einem guten Grand Prix-Piloten hat, muß die Saison 1991 zeigen – viele große Talente sind am knallharten F 1-Business bereits gescheitert.

MOTOR: Yamaha V 12, 70 Grad, 3,5 l, ca. 650 PS.
REIFEN: Pirelli
SPONSOREN: Mitsukoshi World Motors, Autobacs, Yamazen, Magras, Sumitomo Marine, Kyosho, Speedbox.

Footwork
Porsche

*Zeitgemäß hochnäsig:
Der neue Footwork-Porsche FA12,
der in Imola debütierte*

9 Michele Alboreto

Footwork-Chef Jackie Oliver zählt zu den Gründungsmitgliedern des Arrows-Stalls

Italiener, geb. 23.12.1956 in Mailand. Verheiratet, ein Kind. 144 GP seit 1981 auf Tyrrell, Ferrari, Lola und Arrows. 5 Siege, 2mal Trainingsschnellster.

Der Mailänder, von Ken Tyrrell entdeckt, zählte über Jahre zu den anerkannten Formel 1-Assen. Er hatte das Zeug, Champion zu werden. Dieses Ziel verpaßte er 1985 nur deshalb, weil Ferrari im Sommer jenes Jahres den technischen Anschluß verlor. Der Abstieg war bitter: Ferrari entließ Michele Alboreto, der ständig seiner alten Form hinterherfuhr. Er ist jetzt neu motiviert.

Seit 1978 fährt Arrows dem Erfolg hinterher. Ob es im 14. Jahr unter neuem Namen endlich einmal gelingen wird, einen Grand Prix zu gewinnen, muß trotz günstiger Weichenstellung bezweifelt werden.

Zum zweiten Mal in der Geschichte des Teams wurde ein deutscher Motorenhersteller gewonnen. An der Seite von BMW, deren Vierzylinder-Turbomotoren zuletzt mit der Ventildekkel-Aufschrift Megatron versehen waren, reichte es nicht zum Sieg. Jetzt sorgt Porsche für den Antrieb, und damit will der Rennstall endlich auf die Straße des Erfolges.

Ende 1989 stieg die japanische Firma Footwork – ein Mischkonzern, der als Kurier-Unternehmen groß wurde – bei Arrows ein und übernahm das Team in der Folge komplett. Jackie Oliver, einer der Arrows-Mitbegründer, führt heute als Angestellter Regie. Dank der Footwork-Yen stieg Porsche mit ein, doch auch die Weissacher können nicht hexen. Von 1984 bis 1986 stellten die Schwaben zwar den erfolgreichsten Formel 1-Motor, einen Turbo V6, jetzt aber machen die Deutschen in Zweckpessimismus und sprechen von einem Lehrjahr.

Auch der neue Technische Direktor des Rennstalls, Alan Jenkins, ist kein unbeschriebenes Blatt. Immerhin ging er in seinen McLaren-Jahren bei John Barnard in die Schule, der als der größte Designer gehandelt wird.

Addiert man diese Fakten, so scheint es um Footwork gar nicht so schlecht bestellt. Doch es gibt auch erkennbare Schwächen. Die Organisation des Teams blieb bisher den Beweis schuldig, perfekt arbeiten zu können, und diese Fertigkeit läßt sich auch durch ein gutes Budget nicht erzwingen. Daneben zählen die italienischen Piloten Michele Alboreto und Alex Caffi nicht – oder nicht mehr – zur ersten Garnitur.

10 Alex Caffi

Der Technische Direktor Alan Jenkins setzt Yen in Sekunden um

Wer aufgrund des Zauberwortes Porsche an einen raschen Aufstieg der ewigen Hinterbänkler glaubt, wird Enttäuschungen einstecken müssen. Frühestens ab 1992 darf mit guten Resultaten gerechnet werden. Dann will Team-Chef Jackie Oliver, der selbst 50 Grand Prix bestritten hat, allerdings schon nach dem WM-Titel greifen.

Italiener, geb. 18.3.1964 in Rovato. Ledig. 54 GP seit 1986 auf Osella, Dallara und Arrows. Kein Sieg.

Anders als sein routinierter Teamkollege, hat Alex Caffi den Zenit seiner Karriere noch vor sich. Neben Capelli und Martini darf ihm am ehesten zugetraut werden, an alte Ascari-Herrlichkeiten anschließen zu können. Wie Alboreto zählt er zu den betont freundlichen Piloten der Formel 1, und er zeigt Ellenbogenhärte allein auf der Piste. Bei Osella, Dallara und Arrows hat er gelernt, auch auf aussichtslosen Positionen zu fighten.

MOTOR: Porsche V 12, 80 Grad, 3,5 l, ca. 660 PS.
REIFEN: Goodyear
SPONSOREN: Camozzi, Blaupunkt, Shell

LOTUS CARS U.S.A
TAMIYA
12
TAMIYA
TAMIYA
GOODYEAR
GOODYEAR

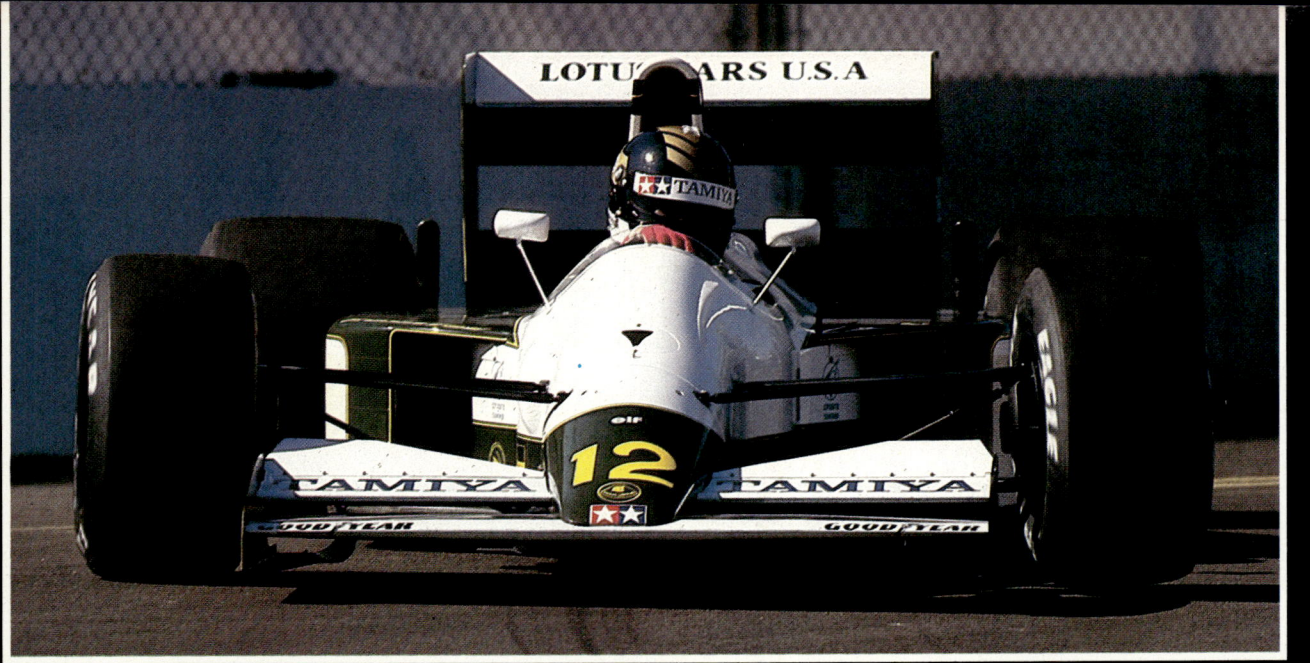

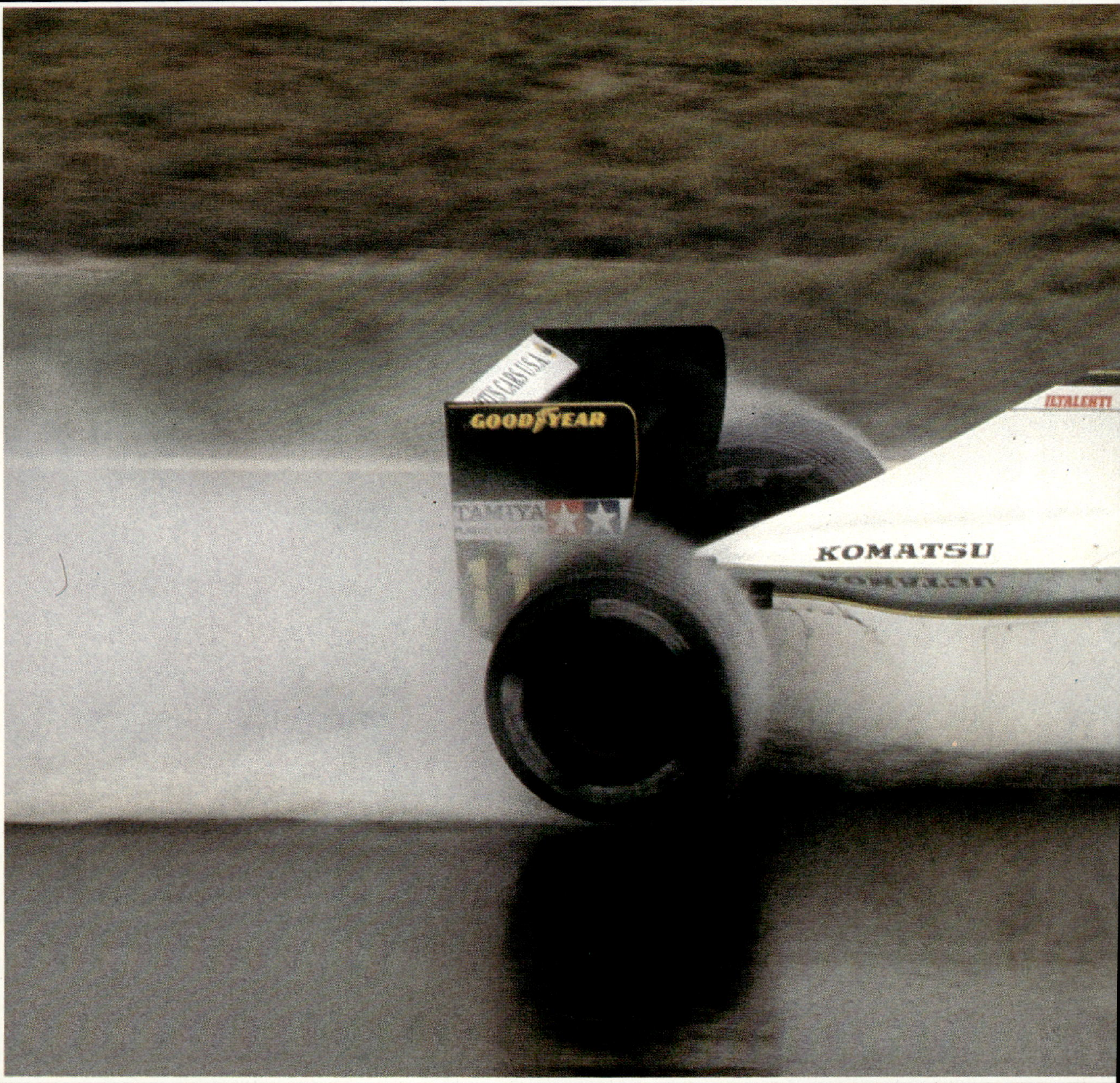
GOODYEAR
TAMIYA
KOMATSU
ILTALENTI

11 Mika Häkkinen

Finne, geb. 28.9.1968 in Helsinki. Ledig. Formel 1-Debütant.

Im Motorsport steht Finnland für Qualität in der Rallye-Szene. Auch in der Formel 1 brachte es ein Bürger des Seen-Landes zu Weltmeister-Ehren: Keke Rosberg. JJ Lehto beweist ebenfalls, daß Finnen keinen Schlamm unter den Rädern brauchen, um schnell zu sein. Mit Mika Hakkinen hat nun ein weiterer Finne den Sprung in die Formel 1 geschafft. Hoffentlich ist er als Nachwuchs-Pilot in der schwierigen Phase des Teams nicht überfordert.

Niemand weiß, wie der Name mit dem asiatischen Flair enstand und was er bedeutet – Firmengründer Colin Chapman nahm dieses Geheimnis im Dezember 1982 mit ins Grab. 1958 tauchten die ersten Rennwagen des Lotus-Teams – damals noch mit Frontmotoren – im Grand Prix-Sport auf. Nur vier Jahre später beherrschten sie die Szene. Jim Clark, Graham Hill, Jochen Rindt, Emerson Fittipaldi und Mario Andretti wurden auf Lotus Weltmeister. Hinter Ferrari ist Lotus mit sieben Konstruktions-Titeln das zweiterfolgreichste Team der Formel 1. Doch nachdem der Chef einer Herzattacke erlag, lief nicht mehr viel. Vorbei waren die Zeiten extremer, teils wegweisender Konstruktionen.

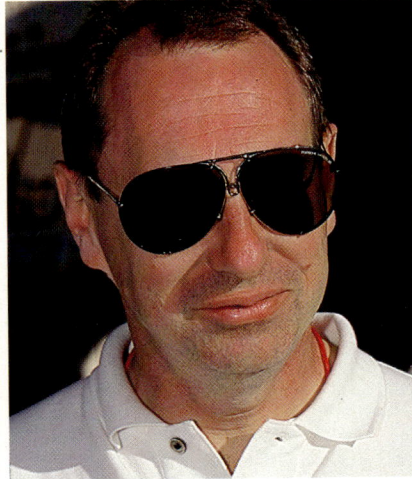

„Regisseur" Peter Collins

Der Name Chapman stand für phantasievolle Innovationen in der Formel 1. Bis hin zu einem Turbinen-Auto, das, 1971 nacheinander von Dave Walker, Reine Wisell und Emerson Fittipaldi gefahren, über die Pisten pfiff, wagte das Konstrukteurs-Genie fast alles Denkbare. Nicht immer zum Vorteil seiner Piloten, denn einige böse Stürze sind auf riskante Experimente zurückzuführen.

Ayrton Senna gelangen am Steuer des nachtschwarzen JPS-Lotus und auch der gelben Camel-Version zwar noch einzelne Siege, doch Weltmeister wurde der schnelle Südamerikaner erst nach seinem Wechsel zu McLaren. Mit Sennas Abgang begann für Lotus eine rasende Talfahrt, die im Chaos, nicht aber im bereits befürchteten Konkursverfahren endete. In scheinbar aussichtsloser Lage nahmen sich im Herbst 1990 Peter Collins und Horst Schübel des Rennstalls an. Das australisch-deutsche Gespann bemüht sich nun, den Karren wieder aus dem Dreck zu ziehen.

Land ist noch lange nicht in Sicht. 1991 kann und soll nicht mehr als ein Jahr der Konsolidierung sein. Der neue Lotus 103, den Konstrukteur Enrique Scalabroni zeichnete, war zum Saison-Start noch nicht einsatzbereit, zudem

Er sorgt für die Finanzen – der Deutsche Horst Schübel

Chef-Konstrukteur Enrique Scalabroni

12 Julian Bailey

steht mit dem Judd V8 nur ein Motor der zweiten Wahl zur Verfügung.

Als Ziel hat sich das neue Management gesetzt, den „immer noch glanzvollen Namen Lotus" wieder auf den Stellenwert zu bringen, der ihm aufgrund seiner Vergangenheit – 79 Siege, 107 Pole-Positions – gebührt: In den Kreis der Besten.

Engländer, geb. 9.10.1961 in London. 6 GP seit 1988 auf Tyrrell. Kein Sieg.

Mit Julian Bailey kehrt ein „alter Bekannter" in die Formel 1 zurück. Schon 1988 bestritt der Brite acht Grand Prix für Ken Tyrrell. Er überzeugte jedoch nicht. Als bestes Resultat verbuchte er einen achten Rang in Detroit. In den Jahren 1989 und 1990 fuhr Bailey Gruppe C-Sportwagen für Nissan. Lotus verpflichtete ihn kurz vor Saisonbeginn 1991 als Ersatz für den verletzten Stammpiloten Martin Donnelly.

MOTOR: Judd V 8, 76 Grad, 3,5 l, ca. 630 PS.
REIFEN: Goodyear
SPONSOREN: Tamiya, BP.

Fondmetal
Ford

Felgen-Produzent Gabriele Rumi kaufte Enzo Osellas Rennstall auf

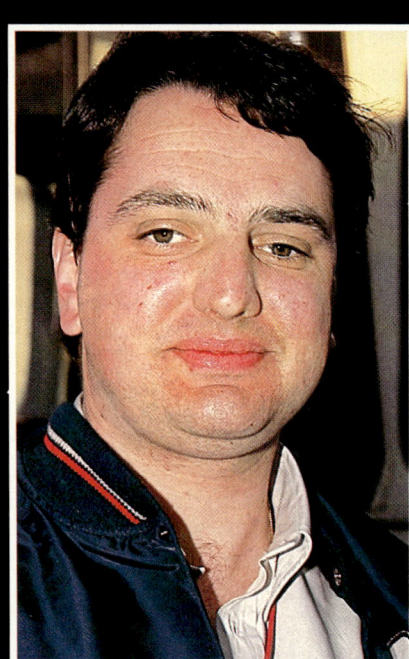

Das Überleben des Teams hängt von den Geistesblitzen des Designers Tino Belli ab

14 Olivier Grouillard

Franzose, geb. 2.9.1958 in Toulouse. Verheiratet, ein Kind. 21 GP seit 1989 auf Ligier und Osella. Kein Sieg.

Der Franzose, 1989 bei Ligier in der Formel 1 gestartet, verwaltet das „moralische Erbe" seines Landsmanns René Arnoux: Ungestüm und voller Kampfeseifer versucht Olivier Grouillard, seine Interessen wahrzunehmen. Bleibt er auf der Bahn, dann kann er verdammt schnell sein, doch oft schießt er übers Ziel hinaus und zahlt die Zeche mit einem verbogenen Auto. Sollte es ihm gelingen, mehr mit dem Verstand als mit dem Herzen zu fahren, wird man noch viel von ihm hören.

Über Jahre krebste der kleine italienische Rennstall am Abgrund des finanziellen Ruins entlang. Oft überraschte es, daß der Osella-Transporter entgegen allen Erwartungen doch wieder im Fahrerlager auftauchte. Möglich war das Überleben allein dadurch, daß Enzo Ferrari den Stall technisch und finanziell großzügig unterstützte. Jeder Pilot, der Sponsorgelder mitbrachte, war willkommen – die Qualität des Fahrers spielte dabei notgedrungen eine untergeordnete Rolle.

Bei Osella, so wurde gespottet, funktioniere die Mortadella-Schneidemaschine im Motorhome besser als die Rennwagen. Wer für Osella fuhr, wurde eher bemitleidet als beglückwünscht. Das Team war so weit unten, daß es tatsächlich nur noch aufwärts gehen konnte.

Die Zeit des Zitterns und der Abhängigkeit fand ihr Ende, als der Felgen-Hersteller Fondmetal 1990 bei Osella einstieg und das Team kurz darauf ganz übernahm. Enzo Osella rutschte damit – ähnlich wie Arrows' Jackie Oliver – vom Chefsessel auf die Planstelle des Rennleiters. Vor Beginn der laufenden Saison wurde er dann jedoch völlig ausgebootet.

Umstrukturiert und auf solide Füße gestellt, plante die Squadra sogar, 1991 wieder ein Zwei-Fahrer-Team einzusetzen. Ein Vorvertrag mit dem Sohn des weltbekannten französischen Film-Mimen Jean-Paul Belmondo war bereits unterzeichnet, als Goodyear den Italienern einen Strich durch die Rechnung machte: Aus Kapazitätsgründen, so der amerikanische Reifen-Riese, könne man bei Osella nur ein Auto ausrüsten.

Wer in elf Jahren nur sieben WM-Punkte heimfahren konnte – das entspricht der durchschnittlichen Ausbeute von 0,6 Punkten pro Saison –, der muß ein solches Diktat klaglos schlucken. Vielleicht ist es sogar ein Vorteil für Osella, wenn man sich zunächst weiterhin auf ein Auto konzentriert, zumal das Team vorläufig in der Vorqualifikation steckt. Dank der Felgen-Lire kann Tomaini-Nachfolger Tino Belli seine Konstrukteurs-Ideen sicherlich finanzieren: Das Erfolgs-Barometer steht jetzt jedenfalls im positiven Sinn auf veränderlich.

MOTOR: Ford DFR V 8, 90 Grad, 3,5 l, ca. 615 PS.
REIFEN: Goodyear
SPONSOREN: Agip.

Leyton
House
Ilmor

15 Mauricio Gugelmin

Der Rennstall geht aus dem Team March hervor, und March hat eine selten verworrene Vergangenheit. 1970 tauchten die Autos erstmals auf und überschwemmten die gesamte Motorsport-Szene: Das Engagement erstreckte sich auf die Formeln 1 bis 3 und zudem wurde ein monströser Sportwagen präsentiert. Der Auftakt verlief nach Maß: Schon der zweite Grand Prix brachte einen Sieg. Am Steuer saß zwar keiner der Werkspiloten, sondern Jackie Stewart, doch die Überraschung war perfekt.

Seitdem wurden nur zwei weitere Siege gefeiert. March war allerdings auch nicht kontinuierlich am Start: Während sechs Rennjahren suchte man das Team in den Nennlisten vergeblich, und wenn March in der Formel 1 auftauchte, dann meist unter fremder Regie.

1990 verkaufte die Firma aus Bicester ihre komplette F 1-Abteilung an den japanischen Leyton House-Konzern. Das Unternehmen, das sich im Modebereich und in vielen anderen Branchen betätigt, hatte sich zuvor bereits als Hauptsponsor in Szene gesetzt. Die hochge-

Akira Akagi begann als Sponsor und ist jetzt Chef

Brasilianer, geb. 20.4.1963 in Joinville. Verheiratet. 42 GP seit 1988 auf March. Kein Sieg.

Der höfliche und intelligente Brasilianer gehört zu den ruhigen Erscheinungen in den Fahrerlagern. Wenn heute jeder Fan seinen Namen kennt, dann deshalb, weil Mauricio Gugelmin 1989 in Le Castellet einen der spektakulärsten Auftritte der F 1-Geschichte baute und Nerven aus Stahl zeigte: Nach mehreren Überschlägen trat er im Reserve-Auto zum Neustart an und fuhr souverän die schnellste Runde des Rennens!

steckten Erwartungen konnten jedoch nicht erfüllt werden. Der Judd V8 erwies sich nur als bedingt konkurrenzfähig. Das immer wieder modifizierte Chassis war eine Mißgeburt des Windkanals. Konstrukteur Gustav Brunner, die die ungeliebte Erbmasse seines Vorgängers Adrian Newey bereits „anzünden" wollte, hatte nur in Le Castellet und Silverstone Grund zur Freude: Auf diesen beiden schnellen Pisten sorgten Ivan Capelli und Mauricio Gugelmin für Stimmung – beide mischten das Establishment gewaltig auf.

16 Ivan Capelli

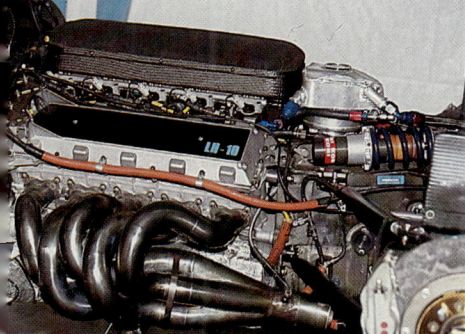

Track-Ingenieur Gustav Brunner kam im Herbst 1989 zu Leyton House

Der ehrgeizige neue Chef Akira Akagi stellte noch während der Frust-Saison 1990 die Weichen für eine bessere Zukunft. Er beauftragte den Schweizer Mario Illien, der im amerikanischen CART-Sport Akzente setzt, mit dem Bau eines Motors. 1990 konstruierte er einen Zehnzylinder, der während der Winterpause ausgiebig getestet wurde. Nach einer Schonfrist muß dieses Aggregat sehr ernst genommen werden: Aufgrund der CART-Erfolge spielt der Ilmor V10 in der Formel 1 möglicherweise eine Joker-Rolle.

MOTOR: Ilmor V 10, 72 Grad, 3,5 l, ca. 670 PS.
REIFEN: Goodyear
SPONSOREN: Autoglass, BP

Italiener, geb. 24.5.1963 in Mailand. Ledig. 64 GP seit 1985 auf Tyrrell, AGS und March. Kein Sieg.

Als Formel 3- und Formel 3000-Europameister bot sich der Italiener für den Grand Prix-Sport an. Auch wenn er bisher in der höchsten Klasse des Autorennsports noch nicht siegen konnte, gehört er doch zu den anerkannten Talenten. Trotz eines Benetton-Angebots blieb Ivan Capelli Leyton House treu, was als Beweis dafür gelten mag, daß „Ivan der Schreckliche" fest an die Zukunft des Teams glaubt.

AGS
Ford

mta
FAURE
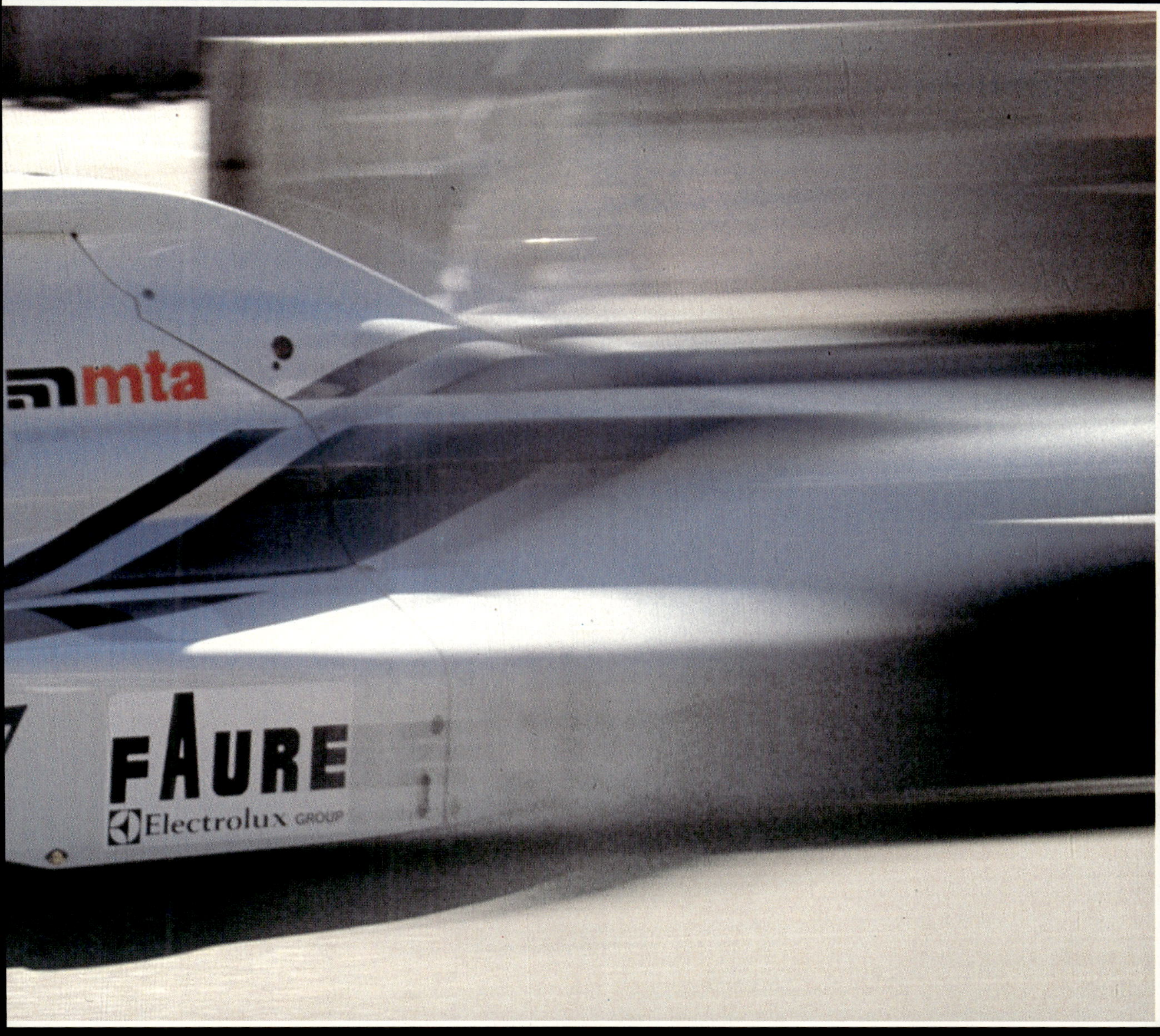
mta
FAURE
Electrolux GROUP

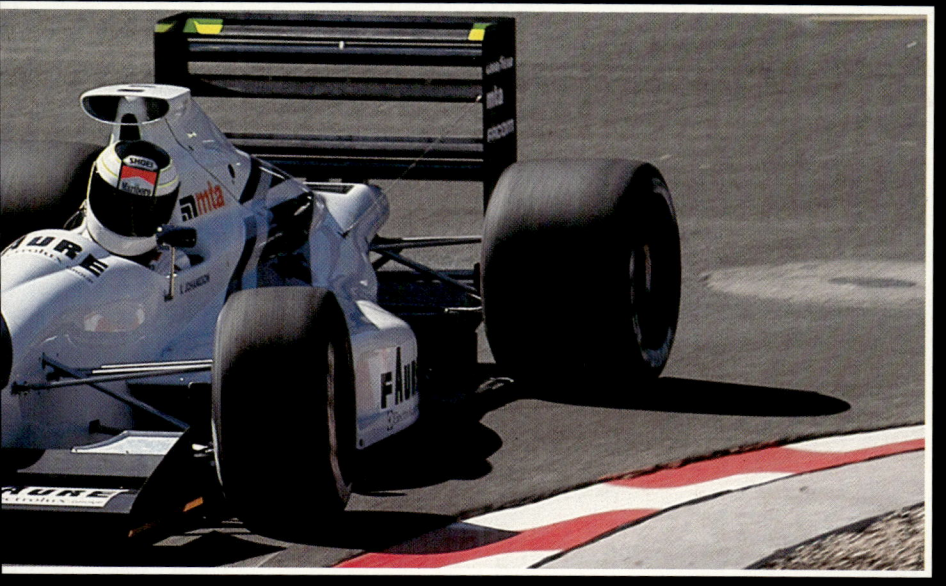

17 Gabriele Tarquini

Der französische Rennstall zählt zu den kleinen Teams, denen die Großen nur selten einen Brosamen übriglassen. Dabei fehlt es AGS – zumindest theoretisch – nicht an ausreichenden Finanzen. Cyril de Rouvre, der die Equipe von Henri Julien übernahm, verfügt nicht nur über ein riesiges Vermögen, er hat zudem beste Kontakte zur einheimischen Wirtschaft. Das Team erlaubt sich sogar eine eigene Teststrecke.

Wenn AGS bisher auf keinen grünen Zweig kam, so liegt das in erster Linie an organisatorischen Pannen, die alle angestrebten Verbesserungen mehr oder weniger im Keim erstickten. Im Herbst 1986 stieg AGS von der Formel 3000 in die Grand Prix-Klasse um. Der erste F 1-Wagen basierte unübersehbar auf Renault-Material und wurde von einem Motori Moderni-Turbo angetrieben. Schon für die folgende Saison sattelten die Franzosen auf den zuverlässigeren und billigeren Ford-Cosworth um, dem man bis heute treu blieb.

Im Verlauf von vier kompletten Rennjahren, die AGS bis zum Saisonbeginn 1991 bestritt, wurden nur zwei kümmerliche WM-Pünktchen geholt. Der Besitzerwechsel im Frühjahr 1989 brachte den gewünschten Anstieg der Formkurve nicht. Mitverantwortlich dafür war der tragische Sturz des Stammpiloten Philippe Streiff, der sich bei Testfahrten in Rio de Janeiro schwerste Verletzungen zuzog. Sie fesseln ihn seither an den Rollstuhl.

Teamchef und Multimillionär Cyril de Rouvre, der AGS 1989 übernahm

Italiener, geb. 2.3.1962 in Giulianova (Lido). Verheiratet, ein Kind. 19 GP seit 1987 auf Osella, Coloni und AGS. Kein Sieg.

Die Qualitäten des Italieners zu beurteilen, fällt außergewöhnlich schwer. Er konnte sein vermutetes Potential auf nur zweitklassigem Material bisher nicht entfalten. Gabriele Tarquini hat es in diesen Jahren allerdings gelernt, auch auf scheinbar aussichtslosen Positionen wie ein Löwe zu fighten. Seine vornehme Zurückhaltung, die ihn in der Boxengasse so umgänglich macht, legt er auf der Piste jedenfalls konsequent ab.

Sorgen um die Zukunft des Rennstalls: AGS-Chefingenieur Michel Costa (l.) und Mitarbeiter

18 Stefan Johansson

Zum Ende der vorigen Saison wurde bei AGS bereits laut über einen Rückzug aus der Formel 1 oder eine mögliche Fusion mit der Ecurie Larrousse nachgedacht. Wenn die Entscheidung getroffen wurde, das Team am Leben zu halten, muß das wohl als letzter Versuch gewertet werden, endlich den Anschluß ans Mittelfeld zu finden. Ob das mit dem in die Jahre gekommenen Cosworth DFR gelingt, darf bezweifelt werden.

Daß AGS nicht vorqualifikationspflichtig ist, eröffnet immerhin die Chancen für zahlreiche Starts – und damit mögliche „Abstauber-Resultate".

MOTOR: Ford DFR V 8, 90 Grad, 3,5 l, ca. 615 PS.
REIFEN: Goodyear
SPONSOR: Faure

Schwede, geb. 8.9.1956 in Växjö. Verheiratet, ein Kind. 78 GP seit 1983 auf Spirit, Tyrrell, Toleman, Ferrari, McLaren, Ligier und Onyx. Kein Sieg.

Mit knapp 80 gefahrenen Grand Prix zählt der Schwede zu den erfahrenen Piloten. Fast ist es schon vergessen, daß Stefan Johansson 1983 den ersten Honda-Turbo pilotierte. Er gehörte in den Kreis potentieller Sieger und erhielt Verträge von Ferrari und McLaren, ohne diese Chancen jedoch entscheidend nutzen zu können. Sein Stern begann zu sinken. Heute muß Johansson von Glück sprechen, bei AGS Unterschlupf gefunden zu haben.

Stichtag für alle Informationen (Zahl der Siege, Zahl der Rennen, usw.) ist der **9. März 1991** – der Tag vor dem Saisonstart 1991.

Benetton
Ford

Roberto Moreno

Brasilianer, geb. 11.2.1959 in Rio de Janeiro. Ledig. 10 GP seit 1987 auf AGS, Coloni, Euro-Brun und Benetton. Kein Sieg.

Zum richtigen Zeitpunkt die richtigen Entscheidungen zu treffen und fit zu sein – in diesem Punkt lief bei Roberto Moreno fast alles schief. Als großes Talent bejubelt, wurde ihm 1982 in Zandvoort ein Lotus anvertraut und... der Brasilianer qualifizierte sich nicht. Seitdem machten alle Teamchefs einen Bogen um Moreno, der sich als „Lückenbüßer" durchschlagen mußte, bevor er jetzt eine große Chance bei Benetton erhält. Er nimmt den Platz des schwerverletzten Alessandro Nannini ein.

20

Nelson Piquet

Brasilianer, geb. 17.8.1952 in Rio de Janeiro. Ledig, vier Kinder. 188 GP seit 1978 auf Ensign, McLaren, Brabham, Williams, Lotus und Benetton. 22 Siege, 24mal Trainingsschnellster, Weltmeister 1981 und 1983 auf Brabham, Weltmeister 1987 auf Williams.

Der Mann mit dem Playboy-Image gehört zu denen, die in der Formel 1 nichts mehr beweisen müssen. Hunderte gingen seit 1950 an den Start, nur 22 holten den Titel – Nelson Piquet gleich dreimal! In den zwei Jahren bei Lotus (88/89) galt er als unmotiviert, doch Vorwürfe dieser Art sind seit dem erfolgreichen Doppelschlag zum Saisonfinale 1990 vergessen. Er beendete das Jahr 1990 als Dritter in der WM-Wertung. Weil er, wie er sagt, „nichts anderes gelernt hat", ist ein Ende seiner Karriere nicht abzusehen.

1986 entschloß sich der Bekleidungskonzern Benneton, seine Aktivitäten im Grand Prix-Sport von Sponsortätigkeiten auf den Einsatz eines eigenen Rennstalls auszuweiten. Die Gründung eines neuen Teams erschien Luciano Benetton indes zu mühsam. Der Chef des Pullover-Imperiums wollte im PS-Business nicht noch einmal bei Null anfangen.

Kurz entschlossen kauften die Italiener die britische Toleman-Truppe auf, die seit 1981 sehr glücklos in der Formel 1 operierte. Bei diesem Deal wurden sowohl die Werkhallen, wie auch Manager Peter Collins, Konstrukteur Rory Byrne und deren Mitarbeiter übernommen.

Mit dem neuen Besitzer – und dessen finanziellen Mitteln – stellten sich schnell erste Achtungserfolge ein: Dank des Umstiegs von Hart- auf BMW-Turbos deutlich zuverlässiger geworden, konnte noch 1986 der erste Sieg gefeiert werden, den Gerhard Berger für Benetton in Mexiko herausfuhr.

Doch die Etablierung Benettons im Kreis der anerkannt guten Rennställe reichte den Italienern nicht. Der Gewinn des WM-Titels wurde zum Ziel erklärt. Als die Turbo-Ära aus Reglements-Gründen zu Ende ging, konnte der Automobil-Gigant Ford als neuer Motoren-Partner, der ebenfalls den Titel anpeilte, gewonnen werden.

Jetzt machte man Nägel mit Köpfen. Ford glaubte zu erkennen, daß die britische Teamführung zu salopp agierte – Stereo-Berieselung gehörte in der Box zum Alltag... Als Peter Collins dann den Fehler beging, 1989 den verletzten Briten Johnny Herbert zu verpflichten, wurde er kurzerhand gefeuert und durch Flavio Briatore ersetzt.

Noch im selben Jahr fiel eine Entscheidung, die Benetton mittelfristig auf die McLaren-Ebene hieven könnte: Mit John Barnard unterschrieb der anerkannte Spitzen-Konstrukteur der Branche einen Fünfjahresvertrag! Zeitgleich mit Barnards Diensten sicherte man sich auch die Mitarbeit des dreifachen Weltmeisters Nelson Piquet.

Die einzige Schwachstelle des Teams scheint heute der Motor zu sein, den Ford mit nur acht Zylindern möglicherweise falsch auslegte. Piquet klagte jedenfalls 1990 offen: „Wir brauchen mehr Power." Fords Sportchef Mike Kranefuss spielte die Wünsche seines Piloten allerdings herunter: „Ich kenne keinen Rennfahrer, der nicht nach mehr PS schreit." Glaubt man dem Technischen Direktor John Barnard, so sind fehlende Pferdestärken kompensierbar. Mit Spezialreifen seiner Wunschvorstellung wäre Benetton in der abgelaufenen Saison durchschnittlich eine Sekunde pro Runde schneller gewesen.

Mit Beginn des Rennjahrs 1991 werden die Gummis nach den Ideen des Designers gebakken, da der neue Partner Pirelli sehnsüchtig auf die Zusammenarbeit mit einem Spitzenteam warten mußte.

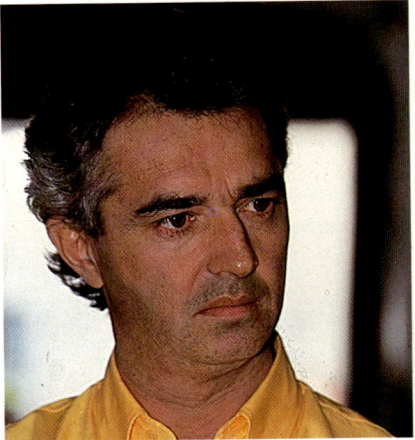

Teamchef Flavio Briatore, Luciano Benettons rechte Hand an den Pisten

Ein anderes Problem tauchte völlig unerwartet auf: Wegen eines schweren Hubschrauberunglücks muß Benetton seit dem Grand Prix von Japan 1990 auf Alessandro Nannini verzichten, der sich in Italien auf ein mögliches Comeback vorbereitet. Wunsch-Pilot Aguri Suzuki konnte zwar nicht als Ersatz verpflichtet werden, doch Roberto Moreno – der Nannini in Japan und Australien so gut vertrat – ist weit mehr als nur eine Notlösung.

MOTOR: Ford HB V8, 75 Grad, 3,5 l, ca. 670 PS.
REIFEN: Pirelli
SPONSOREN: Camel, Autopolis, Mobil, Sanyo

◄ *Unbestritten der „König der Konstrukteure" – John Barnard*

Erstmals in Imola am Start: der neue B 191

Wenn Action zur tödlichen Gefahr wird

Erhöhte Risikobereitschaft und mangelnde Erfahrung: Bei jungen Fahrern steigt das Gefährdungspotential sprunghaft an.
Foto: Nerger

Die alarmierenden Zahlen der Disco-Unfälle sind nur die Spitze eines Eisberges: Die 18- bis 25jährigen machen rund zwölf Prozent der Gesamtbevölkerung der (Alt-) Bundesrepublik aus. Aber fast 40 Prozent der getöteten Pkw-Fahrer in der Bundesrepublik sind zwischen 18 und 25 Jahre alt.

Der Unfalltod ist in dieser Altersgruppe heute die Todesursache Nummer eins. So kamen nahezu 40 Prozent der 20- bis 25jährigen, die 1989 starben, bei Kraftfahrzeugunfällen ums Leben. Viele junge Autofahrer neigen zu einer erhöhten Risikobereitschaft. Sie überschätzen allzu leicht ihre eigenen Fähigkeiten.

Erhöhte bzw. nicht angepaßte Geschwindigkeit nennt die polizeiliche Unfallursachenstatistik als wesentliche Unfallursache bei jungen Fahrern im Vergleich zu älteren Altersgruppen. Darüber hinaus geschieht ein überproportional hoher Anteil der Unfälle junger Führerscheinbesitzer bei Dunkelheit. Ein Grund dafür ist, daß jüngere Fahrer bis zu etwa 20 Prozent ihrer Fahrten nachts unternehmen.

Aber nicht alle jungen Fahrer sind gleich stark gefährdet. Psychologen haben herausgefunden, daß das Freizeitverhalten Jugendlicher Rückschlüsse auf ihr Unfallrisiko als Autofahrer zuläßt. Dabei unterscheiden die Psychologen verschiedene Gruppen. Bei drei dieser sogenannten Stilgruppen stellen die Psychologen fest, daß sie zu einem Verhalten neigen, das im Straßenverkehr schnell zu einer tödlichen Gefahr werden kann.

Action-, Fan- und Kontratyp

Der Action-Typ, dem 16 Prozent der jungen Fahrer zugeordnet werden können, taucht überall dort auf, wo etwas los ist. Action ist ihm lieber als Diskutieren. Mit dem Auto ist er gerne und viel unterwegs. Dabei läßt er ab und zu einmal so richtig Dampf hinter dem Steuer ab, vor allem nach dem Genuß von Alkohol.

Rund neun Prozent der jugendlichen Pkw-Fahrer zählen zum Fan-Typ. Disco und Fußball sind seine Hauptfreizeitbeschäftigungen. Mit dem Auto ist er deshalb ständig unterwegs. Ein kräftiger Schluck aus der Flasche schadet dabei seiner Meinung nach überhaupt nichts. Außerdem zeigt er gerne auf der Straße, wie gut er Autofahren kann.

Dem Kontra-Typ, einer modernen Variante des Rockers, entsprechen etwa sechs Prozent der jungen Autofahrer. Fußball und Disco ist für sie out. Genausowenig mögen sie die Angepaßten und Trendsetter ihrer Altersgruppe. Alkohol ist für sie beim Autofahren kein Tabu.

„Action-, Fan- und Kontratyp sind extrem saturdaynight-unfallgefährdet", urteilen die Psychologen. Denn sie sind die Gruppen junger Fahrer, die ihren bereits wochentags hohen Alkoholkonsum am Wochenende noch einmal um ca. 50 Prozent erhöhen. Darüber hinaus fahren diese Jugendlichen im Vergleich zu ihren Altersgenossen die höchste jährliche Kilometerleistung.

Die anderen Gruppen, also immerhin rund 70 Prozent der jungen Führerscheinbesitzer, unterliegen „nur" dem normalen Fahranfängerrisiko.

Sicherheitstraining

Neben den fahrerischen Fertigkeiten müssen die jungen Fahrer lernen, ihr eigenes Risiko und Fahrverhalten einzuschätzen. Die Teilnahme an einem Sicherheitstraining, das von Verkehrssicherheitsorganisationen und vielen Autoclubs angeboten wird, ist nach Meinung von Experten insbesondere für junge Führerscheinbesitzer eine gute Möglichkeit, eigene Grenzen, ohne der Gefahr des Straßenverkehrs ausgesetzt zu sein, zu „erfahren".

In einem rund sechsstündigen Kursprogramm, das von erfahrenen Moderatoren geleitet wird, lernen die Teilnehmer des Sicherheitstrainings mit ihrem eigenen Auto Gefahren frühzeitiger zu erkennen, sie zu vermeiden und zu bewältigen. Das Bundesverkehrsministerium hat im vergangenen Jahr 30 mobile Trainings-Einheiten für mehr als drei Millionen DM finanziert und den Verkehrssicherheitsorganisationen zur Verfügung gestellt, um möglichst vielen jungen Autofahrern die Teilnahme an einem mobilen Sicherheitstraining in der Nähe ihres Wohnortes zu ermöglichen. Außerdem unterstützt der BMV die Aktion "Junge Fahrer" der Deutschen Verkehrswacht, die jungen Menschen ihr erhöhtes Risiko und die Gründe dafür bewußt machen und sie zur Teilnahme an Sicherheitstrainings motivieren soll. Auch der Verband der deutschen Automobilindustrie (VDA) und die Kfz-Importeure haben die Idee der Sicherheitstrainings aufgegriffen.

Sie bieten allen jungen Neuwagenkäufern an, kostenlos an einem Sicherheitstraining teilzunehmen.

Autobahnen – sichere Straßen, wenn ...

Routiniert und hellwach muß man sein, um kritische Situationen auf der Autobahn zu meistern.
Foto: Keystone

Stuck: „Nicht die Technik, der Mensch muß besser werden"

Frage: *Die Verkehrssicherheit muß weiter verbessert werden, gerade auch in den neuen Bundesländern. Welche sinnvollen und wirksamen Maßnahmen befürworten Sie als Rennsport-Profi?*

Stuck: Gebote und Verbote allein reichen nicht aus. Generell plädiere ich dafür, ein Sicherheitstraining wie den Erste-Hilfe-Kurs zur Pflicht zu machen, und zwar mit dem Pkw, der dann auch gefahren wird. Für die Bürger in den neuen Ländern empfehle ich freiwillige Schulungen in großem Umfang, damit die Fahrer mit der Technik westlicher Autos besser zurechtkommen.

Frage: *Gerade jüngere Fahrer neigen dazu, das, was sie bei Autorennen oder Rallye-Veranstaltungen sehen, auf die Straße zu übertragen. Was sagen Sie diesen Leuten?*

Stuck: Die Versuchung mag es geben, praktisch läßt unser dichter Verkehr, gerade nach Großveranstaltungen, dies meist gar nicht zu. Im übrigen: Wer bei einem Sicherheitstraining erfahren hat, wie sein Fahrzeug im Grenzbereich reagiert, wird sich kaum auf der Straße austoben wollen.

Frage: *Wie empfinden Sie zur Zeit das Klima auf unseren deutschen Straßen?*

Stuck: So schlecht wie nie zuvor. Von Partnerschaft keine Spur. Sturheit und Ignoranz sind Trumpf. Wir brauchen wieder mehr gegenseitige Rücksichtnahme und Akzeptanz.

Frage: *Was macht für Sie einen guten und sicheren Autofahrer aus?*

Stuck: Wer konzentriert, der Verkehrslage angepaßt, fährt und sein Fahrzeug beherrscht.

Frage: *Was sind für Sie die fünf „Todsünden" am Steuer?*

Stuck: Alkohol. Rauchen beim Fahren. Telefonieren am Steuer. Unaufmerksamkeit. Selbstüberschätzung.

Prangert die Sturheit am Steuer an: Rennsportler Hans-Joachim Stuck.
Foto: MPR

Frage: *Wie kann Ihrer Meinung nach die technische Sicherheit am Auto noch verbessert werden?*

Stuck: Die technische Sicherheit hat einen hohen Standard erreicht. Nicht die Technik, der Mensch muß verbessert werden. Wir müssen die Menschen beeinflussen, sich nicht von soviel Technik in Sicherheit wiegen und zu unkonzentriertem Fahren verleiten zu lassen. ABS, Allrad usw. sind kein Freibrief.

Der Alltag auf deutschen Autobahnen, die relativ immer noch die sichersten Straßen sind: Selbst auf dreistreifigen Strecken dichter Verkehr, der rechte Fahrstreifen als Lkw-Trasse. Wo zweistreifig, ist in den Ballungsgebieten oder in den Hauptverkehrszeiten der zähe Fluß vorprogrammiert.

Geringfügige Abweichungen von der „Norm" können verheerende Folgen haben: Schlechtes Wetter, starker Regen, Nebel. Lkw setzen zu langwierigen Überholmanövern an. Ein Fahrzeug bleibt liegen. Die Zahlen sprechen leider für sich: 1990 starben allein auf den westdeutschen Autobahnen ein Viertel mehr Menschen (insgesamt rund 1.000) als im Vorjahr, die Fahrleistung nahm allerdings auch um fast zehn Prozent zu.

Routiniert und hellwach muß man sein, um kritische Situationen auf Autobahnen zu meistern, da wegen der höheren Geschwindigkeiten wenig Zeit zum Überlegen bleibt. Dazu Fragen, die Sie sich immer wieder stellen sollten:

● Blicken und denken Sie weit genug voraus, um Störungen frühzeitig zu erkennen?

● Sind Sie immer voll konzentriert oder häufig abgelenkt (Beifahrer, Telefon, Stereoanlage)?

● Haben Sie genügend Zeit einkalkuliert oder müssen Sie jede Lücke zum Überholen nützen, um Termine einzuhalten?

● Sind Sie fit, ausgeruht, nüchtern, können Sie sich auf Ihre Augen verlassen?

● Stimmt der Abstand zum Vordermann (halber Tachostand, bei Nässe und Nebel erheblich mehr)?

● Achten Sie auf Verkehrsdurchsagen, Nebelwarnungen? Gehen Sie bei Nebel sofort runter vom Gas und vergrößern den Abstand zum Vordermann erheblich?

● Lassen Sie Drängler vorbei oder andere zum Überholen ausscheren?

● Beherrschen Sie Ihr Fahrzeug: Können Sie „degressiv" bremsen oder wenn nötig blitzschnell vor einem Hindernis ausweichen (Bremsen, Bremse loslassen, um Hindernis herumfahren, weiterbremsen)?

Dallara
Judd

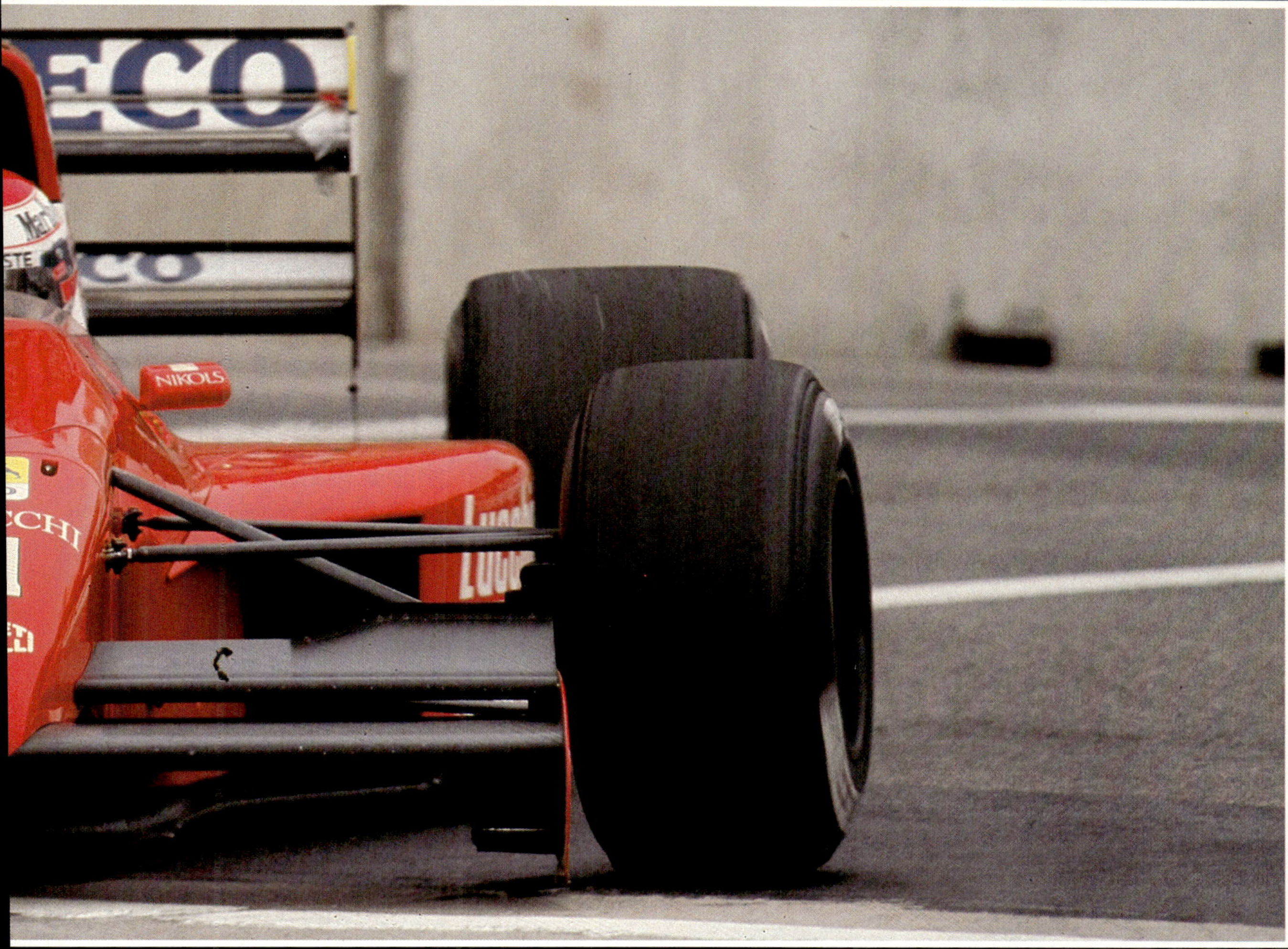
NIKOLS

Agip
22
MAGNETI MARELLI
ZUCCHINI

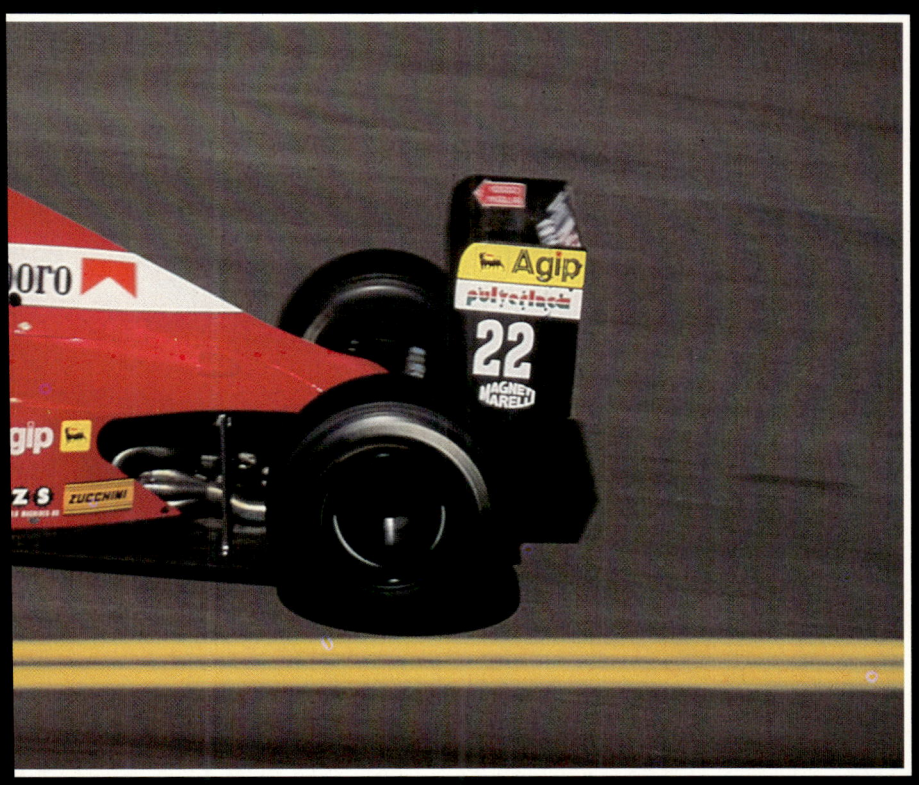

21 Emanuele Pirro

Gerade drei Jahre ist die Scuderia Italia im Grand Prix-Geschäft. Mit der mageren Ausbeute von nur acht Weltmeisterschaftspunkten zeigten sich die Dallara-Ford bisher nicht überzeugend. Dennoch besteht bei der Teamführung kein Grund, in Panik zu geraten. Mit Sponsor Philip Morris (Marlboro) fanden die Italiener einen Partner, der einstweilen ein gesundes Überleben garantiert.

Immerhin erlaubt es der finanzielle Spielraum, daß der vielversprechende neue Judd-Zehnzylinder – vorläufig exklusiv – zur Verfügung steht.

Falls der Judd-V10 die Erwartungen erfüllt, so muß sich das Team auch im organisatorischen Bereich gewaltig steigern, um regelmäßig im vorderen Mittelfeld landen zu können. Noch 1990 wurden jedenfalls gravierende Fehler begangen, die sogar kleinen Erfolgen im Weg standen. So ließen die Techniker wärmeempfindliche Aggregate in Kühlernähe montieren und wunderten sich anschließend über hitzebedingte Schäden.

Daß auch die oft belächelten Dallara trotzdem für Überraschungen gut sein können, bewies Andrea de Cesaris 1990 während des Trainings zum Grand Prix der USA in Phoenix. Noch vor Stars wie Jean Alesi, Ayrton Senna, Nelson Piquet und Alain Prost landete der Italiener auf einem vielbestaunten dritten Rang! Nicht zuletzt verdankte er diesen Erfolg den Pirelli-Reifen, die 1990 im Rennen allerdings noch nicht überzeugen konnten. Während der Wintermonate lagen die Gummi-Ingenieure aber sicherlich nicht auf der faulen Haut ...

Für das angelaufene Rennjahr tauschte die Scuderia Italia den – wegen seiner vielen Unfälle kostenträchtigen – Römer Andrea de Cesaris gegen J J Lehto aus. Der einst als Wunderknabe gefeierte Finne blieb in der Formel 1 bisher zwar einiges schuldig, dennoch bedeutet seine Verpflichtung eine eindeutige Verbesserung auf dem Fahrersektor.

Italiener, geb. 12.1.1962 in Rom. Ledig. 23 GP seit 1989 auf Benetton und Dallara. Kein Sieg.

Als McLaren-Testpilot gab der Italiener bis in die Saison 1989 eine gute Figur ab. Benetton verpflichtete ihn voller Optimismus als Ersatz für Johnny Herbert, der aufgrund von Verletzungsfolgen enttäuschte. Seitdem er „richtige" Rennen fährt, kann Emanuele Pirro dem vorausgeeilten Ruf nicht gerecht werden. Wenn er sich von diesem Erwartungsdruck befreien kann, wird er Fuß fassen und mindestens für einen Rang im Mittelfeld gut sein.

22 JJ Letho

Der Industrielle Beppe Lucchini gönnt sich den Luxus eines eigenen F1-Teams

Einer der „alten Hasen" der Branche – Giampaolo Dallara

Finne, geb. 31.1.1966 in Espoo. Ledig. 7 GP seit 1989 auf Onyx/Monteverdi. Kein Sieg.

Die britische Formel 3-Meisterschaft mischte der Finne auf, wie jemand, der auch im Grand Prix-Geschäft seinen Mann stehen wird. Schon damals hatte er sich aus PR-Gründen das Pseudonym JJ Lehto zugelegt, da sich niemand seinen richtigen Namen merken konnte. Zwei Jahre Grand Prix-Sport haben ihn bisher nicht besonders gut aussehen lassen, doch saß der Rosberg-Schützling auch noch nicht in den Cockpits, die seinem Talent angemessen erscheinen.

MOTOR: Judd V 10, 72 Grad, 3,5 l, ca. 650 PS.
REIFEN: Pirelli
SPONSOREN: FIN-ECO, Lusfina, Marlboro, Agip.

Minardi Ferrari

23 Pierluigi Martini

Es gab Jahre, da war Minardi in der Formel 1-Hierarchie sehr leicht einzustufen. Vom dritten Rennen 1985 bis zum letzten der Saison 1987 setzte das Team aus Faenza auf Turbomotoren der Firma Motori Moderni und krebste jämmerlich hinterher. Als sich Giancarlo Minardi, Boß des Rennstalls und Fiat-Händler, 1988 entschloß, auf Cosworth-Achtzylinder umzusatteln, stellten sich erste bescheidene Erfolge ein, und dieser Aufwärtstrend setzte sich fort, als Minardi von Goodyear- auf Pirelli-Reifen umstieg. Dank der italienischen Gummis mit ihren guten Qualifikationseigenschaften, sorgte Pierluigi Martini Ende 1989 und zum Saisonauftakt 1990 für geradezu sensationelle Trainingsergebnisse.

Für das Rennjahr 1991 schlüpfte das Team dann sogar in die Rolle eines Geheimfavoriten. Minardis erklärtes Ziel – „Wir wollen in der Formel 1 nicht nur mitfahren, wir wollen siegen" – rückte näher, weil Ferrari als neuer Motorenlieferant gewonnen werden konnte. Die Fachwelt sprach von einem Jahrhundert-Coup, denn niemals zuvor hatte Ferrari seine Kraftpakete der Konkurrenz überlassen.

Zeitgleich mit dem Wechsel vom Cossie-V8 zum Zwölfzylinder aus Maranello unterschrieb Giancarlo Minardi bei Goodyear. Pirelli schien nicht mehr der rechte Partner, weil sich deren Kräfte auf den neu gewonnenen Spitzen-Rennstall Benetton konzentrieren.

Die einzige Schwachstelle des auf gut 80 Mitarbeiter gewachsenen Teams, das in Faenza über eine optimal ausgerüstete Basis verfügt, mag in Minardis Führungsstil liegen: Der Mann tut sich sehr schwer, Aufgaben an einen kompetenten Team-Manager zu delegieren. So wurde 1990 intern kritisiert, es fehle ein Regisseur mit Durchblick und Durchsetzungsvermögen.

Für Minardi beginnt mit Ferrari die Zeit der Wahrheit. Eine lange Schonfrist wird die italie-

Italiener, geb. 23.4.1961 in Logo di Romagna. Verheiratet. 54 GP seit 1985 auf Minardi. Kein Sieg.

Klein und leicht – mit einer Jockey-Figur à la Prost – empfiehlt sich der Italiener für den F 1-Sport. Spätestens 1989 entpuppte sich der zuvor unterschätzte Pilot als echtes Talent. Der zierliche Mann ist aus hartem Holz geschnitzt. Als er sich im Vorjahr in Imola den linken Fußknöchel brach, versprach er spontan: „In 14 Tagen bin ich wieder mit dabei, in Monaco brauche ich den linken Fuß nicht!"

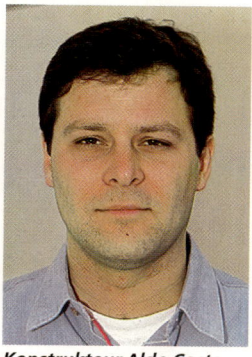

Teamchef Giancarlo Minardi *Konstrukteur Aldo Costa*

24 Gianni Morbidelli

nische Sportpresse nicht einräumen, und die Erwartungshaltung der Fans wird sich in psychischen Druck wandeln, wenn Erfolge ausbleiben. Der Chef spürte dies bereits wenige Tage nach Vertragsunterzeichnung, als er die Stirn in Sorgenfalten legte und nachdenklich äußerte: „Jetzt müssen wir beweisen, was wir können."

MOTOR: Ferrari V 12, 65 Grad, 3,5 l, ca. 710 PS.
REIFEN: Goodyear
SPONSOREN: SCM, Marlboro, Agip.

Italiener, geb. 31.1.1968 in Pesaro. Ledig. 3 GP seit 1990 auf Dallara und Minardi. Kein Sieg.

Als Ex-Ferrari-Testfahrer kommt der „gelernte" Formel 3000-Pilot mit wertvollen Erfahrungen zu Minardi. Mit 23 Jahren fährt Morbidelli seine erste komplette Formel 1-Saison, nachdem er 1990 auf Dallara und Minardi nur sporadisch zum Einsatz kam, sich bei drei Rennen allerdings achtbar schlug. Sicherlich wird er in seinem „Lehrjahr" 1991 im Schatten seines Landsmanns Martini stehen, der Routine aus mehr als 50 Grand Prix mitbringt.

GITANES
BLONDES
elf
GITANES
BLONDES

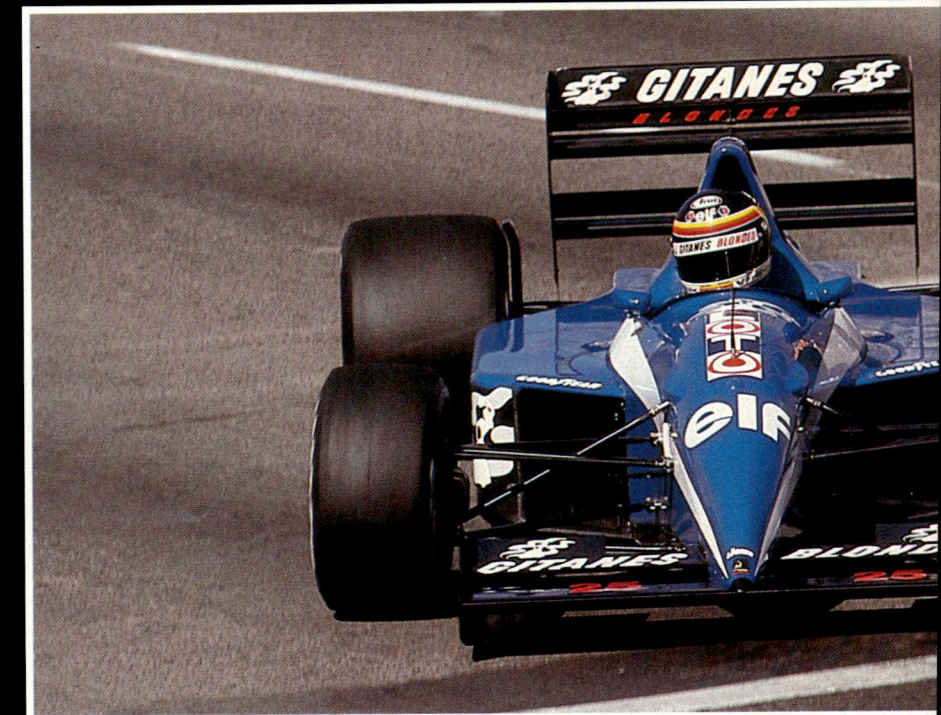

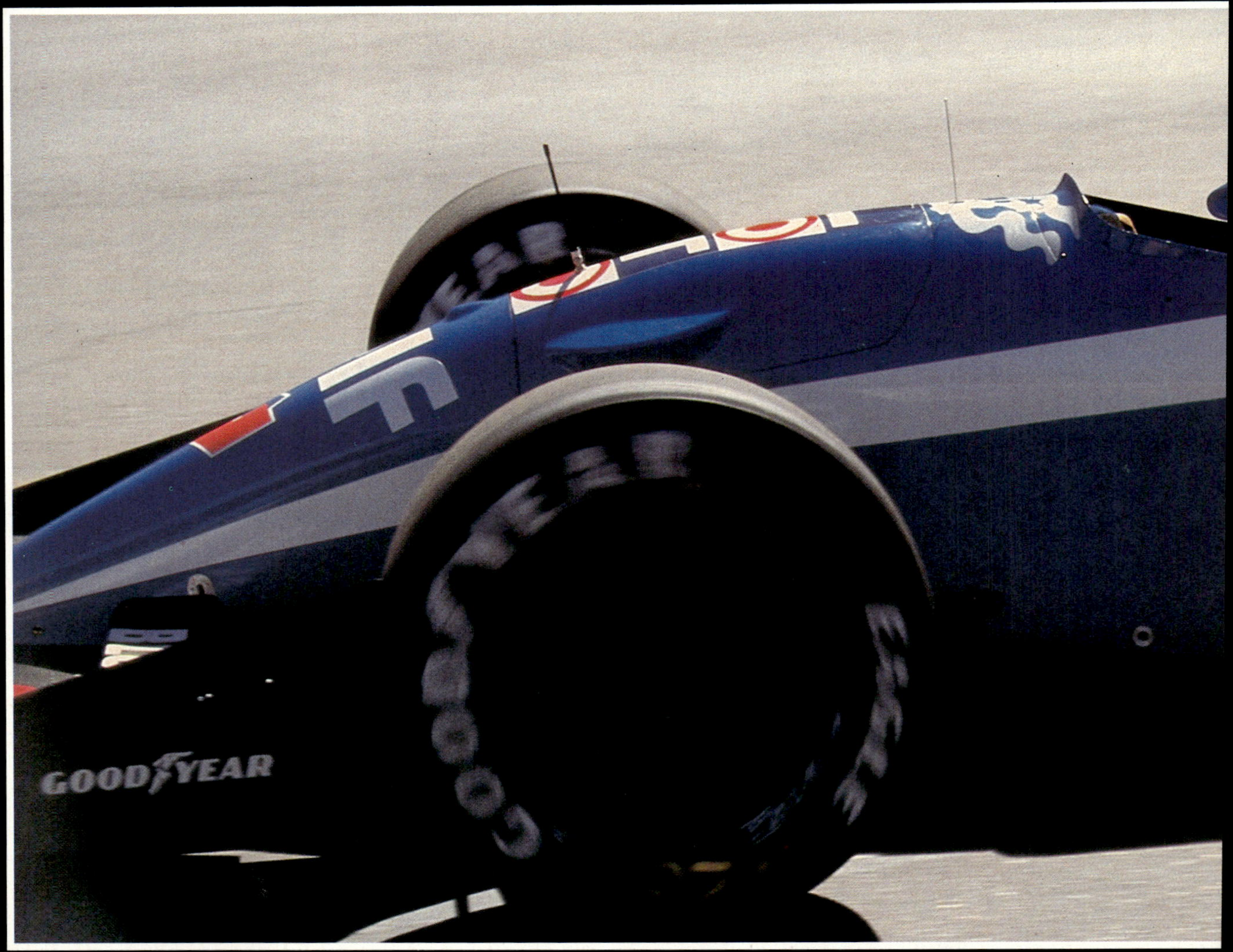
GOODYEAR

Ligier
Lamborghini

25 Thierry Boutsen

Die blauen Wagen des ehemaligen französischen Bauunternehmers Guy Ligier gehören zu den traditionsreichen Startern. Schon seit 1976 sind sie mit dabei und jedes Auftreten erinnert an einen guten Freund des Chefs. Die Buchstaben JS der Typenbezeichnungen sind die Initialen des französischen Rennfahrers Jo Schlesser, der 1968 in Rouen am Steuer eines Honda-Formel 1 tödlich verunglückte.

In den Jahren 1966 und 1967 bestritt der „Patron" selbst ein Dutzend WM-Läufe und auf dem Nürburgring reichte es 1967 sogar zu einem Meisterschaftspunkt. Als Teamchef – zunächst in der Sportwagenklasse, dann erst im GP-Sport – sorgte Guy Ligier überraschend schnell für Furore. Schon im allerersten Jahr des Engagements stand einer seiner Rennwagen auf der Pole-Position und nur eine Saison später wurde der erste Sieg gefeiert. Beide Leistungen gingen auf das Konto von Jacques Laffite, dem langjährigen Stammpiloten.

In den beiden folgenden Jahren hielt der Erfolgstrend an: 1979 wurde Ligier dritter der Konstrukteurs-WM, eine Saison darauf sogar Vizemeister! Obwohl Guy Ligier alle Register zog – zwischen 1976 und 1990 wurden mit Matra, Renault, Ford, Megatron und Judd fünf verschiedene Motoren eingesetzt – ging es abwärts. Die Talsohle war 1990 erreicht, als Ligier erstmals kein einziges WM-Pünktchen heimfuhr.

Jetzt soll alles besser werden. Mit Lamborghini konnte ein sechster Motoren-Hersteller zur Zusammenarbeit gewonnen werden, und mit dem Belgier Thierry Boutsen verpflichteten die Franzosen nach Jahren wieder einen Siegfahrer. Mittelfristig soll durch gewaltige Investitionen und organisatorische Maßnahmen der Anschluß zur Spitze wiederhergestellt werden. Geld ist vorhanden, die Piste von Magny-Cours liegt als Testkurs vor den Toren der Werkshalle, und von 1992 an stellt Renault sogar seinen Zehnzylinder zur Verfügung. Die Equipe scheint motiviert wie lange nicht mehr und steht in einer verheißungsvollen Stunde Null.

Belgier, geb. 13.7.1957 in Brüssel. Verheiratet, ein Kind. 121 GP seit 1983 auf Arrows, Benetton und Williams. 3 Siege, einmal Trainingsschnellster.

Ein Kinderfoto zeigt Thierry Boutsen als Autogrammjäger, der Jacky Ickx „gestellt" hat. Jahre später war es dieser Weltklasse-Pilot Ickx, der seinen Landsmann protegierte. Lange galt der bescheidene Belgier nicht als Siegertyp der Formel 1, doch 1989 – im siebten Jahr seiner GP-Aktivitäten – strafte er seine Kritiker lügen. Er gewann. Inzwischen blickt Boutsen auf drei GP-Siege zurück. Als eine der Schlüsselfiguren soll er den alten Ligier-Glanz aufpolieren.

Teamchef Guy Ligier

Konstrukteur Frank Dernie

26

Erik Comas

MOTOR: Lamborghini V 12, 80 Grad, 3,5 l, ca. 660 PS.
REIFEN: Goodyear
SPONSOREN: Gitanes, Elf.

Franzose, geb. 28.9.1963 in Romans. Verheiratet, ein Kind. Formel 1-Debütant.

Der Franzose muß zunächst skeptisch beurteilt werden: er ist Grand Prix-Neuling. Und doch bringt er Voraussetzungen mit, um im harten Kampf der Grand Prix-Asse zu bestehen. 1989 wurde Comas im Championat der Formel 3000 nur denkbar knapp von Jean Alesi geschlagen, der wie eine Rakete bis in die Scuderia Ferrari aufstieg. Gegen unverändert starke Konkurrenz sicherte er sich den so knapp verpaßten Titel nur ein Jahr später.

Ferrari

27

Alain Prost

Franzose, geb. 24.2.1955 in St. Chamond. Verheiratet, zwei Kinder. 169 GP seit 1980 auf Renault, McLaren und Ferrari. 44 Siege (Weltrekord). 20mal Trainingsschnellster, Weltmeister 1985, 1986 und 1989 auf McLaren.

Der kleine Franzose, der mit Recht stolz darauf hinweist, „zu keiner Zeit auch nur einen Franc" in seine Karriere investiert zu haben, zählt zu den erfahrensten und erfolgreichsten F 1-Fahrern aller Zeiten. Er versteht es, die Verantwortlichen mitzureißen, unterstützt die Ingenieure durch ungewöhnlich präzise Aussagen über das Fahrverhalten seiner Autos und fährt, stilistisch voll ausgereift, mit viel Köpfchen.

28

Jean Alesi

Franzose, geb. 11.6.1964 in Avignon. Ledig. 23 GP seit 1989 auf Tyrrell. Kein Sieg.

Möglicherweise ist Prosts neuer Teamkollege das größte Talent seit dem Einstieg von Ayrton Senna und Stefan Bellof in die Formel 1 im Jahr 1984. Bei seinem Debut in Le Castellet 1989 landete er auf Rang vier! Nur ein Jahr später umwarben ihn Tyrrell, Williams und Ferrari, bevor die Italiener den endgültigen Zuschlag erhielten. In seiner zweiten vollen Grand Prix-Saison wird er bereits als Geheimfavorit gehandelt.

Stichtag
für alle Informationen
(Zahl der Siege,
Zahl der Rennen, usw.)
ist der **9. März 1991**
– der Tag vor dem Saison-
start 1991.

Bis hierhin, und nicht weiter! Ferrari-Rennleiter Cesare Fiorio (rechts) scheint FISA-Boß Jean-Marie Balestre contra zu geben

Frankreichs Antwort auf Ayrton Senna? Ferrari-Neuling Jean Alesi beim „Drahtseilakt" auf den Straßen von Phoenix

Im Verlauf von 41 WM-Jahren wurde das Team zu einem unverzichtbaren Bestandteil der Szene. Allein die gerollten R's des Namens klingen besser als so mancher Rennmotor. Das Phänomen läßt sich auf einen kurzen Nenner bringen: Formel 1 = Ferrari!

Schon im zweiten aller je gefahrenen WM-Läufe war die italienische Startruppe mit dabei. Entsprechend lang ist die Liste der Piloten, die für die Scuderia des „Commendatore" antraten. Sie reicht von Alberto Ascari über Juan-Manuel Fangio, Phil Hill, John Surtees, Jacky Ickx, Niki Lauda, Jody Scheckter, Michele Alboreto, Gerhard Berger und Nigel Mansell hin bis zu Alain Prost.

Im Zeichen des springenden Pferdes (dem Wappen des italienischen Jagdpiloten Felice Baracca aus der Zeit des ersten Weltkriegs) zu starten, gereichte schon in den 50er-Jahren jedem Motorsportler zur Ehre. Auch heute, in Zeiten ausgebuffter Professionalität, gehört zu jeder Unterschrift bei Ferrari neben kühlem Verstand auch viel Gefühl.

Nicht alle Fahrer trennten sich im Guten von Ferrari. Fangio ließ der eigensinnige Chef Ende 1956 so lange vor der Tür seines Büros schmoren, bis der Argentinier verärgert abzog, um bei Maserati zu unterschreiben. Niki Lauda ging im Streit, John Surtees tief enttäuscht, und Nigel Mansell mußte 1990 Anwälte einschalten, als ihm eine Entlassung ins Haus stand.

Den Zauber des Wortes Ferrari verstehen nur Italiener. Die sieben Buchstaben werden von den Massen wie ein Heiligtum verehrt, und wer als Ausländer im Cockpit eines Ferrari sitzt, der wird sofort begeistert „eingemeindet". Siege der roten Wagen aus Maranello – ganz gleich, wer sie pilotiert – werden weit höher eingestuft als Erfolge von Italienern am Steuer eines der Autos aus Inghilterra, dem fremden England.

Wer derart im Rampenlicht steht, der wird mit Argusaugen beobachtet. Drohen Piloten oder Techniker den Ruf der „heiligen Kuh" zu schmälern, laufen Fans und Sportpresse Sturm. Bei Fehltritten werden Schuldige gesucht, dann müssen Köpfe rollen.

Als der italienische Journalist Franco Lini zu laut kritisierte, ernannte ihn Enzo Ferrari – nach dem Motto „Dann mach's doch besser" – zum Rennleiter seines Teams. Aber auch der mit allen Angriffsmethoden der Presse vertraute Fuchs konnte sich nur kurz auf dem Schleudersitz halten.

Lange wurde befürchtet, der Glanz könne mit Enzo Ferraris Tod verlorengehen. Doch als der Selfmademan im August 1988 im Alter von 90 Jahren starb, wurde deutlich, daß das selbstgeschaffene Denkmal stabil genug ist, noch viele Jahre ohne die Galionsfigur zu überdauern. Heute stehen das Unternehmen und das Formel 1-Team unter der Kontrolle des Fiat-Konzerns.

Ferrari gewann mehr als 100 Weltmeisterschaftsläufe. Es mußten aber auch traurige Stunden durchgestanden und bittere Niederlagen hingenommen werden. Eugenio Castelotti, Luigi Musso, Peter Collins, Wolfgang Graf Berghe von Trips und Gilles Villeneuve verunglückten auf Ferrari tödlich. Abgesehen vom Einstiegsjahr ging Ferrari in acht Saisons sieglos aus – zuletzt 1986. Wenn die Formkurve seitdem wieder stark anstieg, so liegt das an einer

Ferrari-Konstrukteur Steve Nichols – immer freundlich, immer voller brillanter Ideen

großen Umorganisation, die weg vom „genialen Schlendrian" hin zu straffer Arbeitsdisziplin à la McLaren führte.

„Wenn Ferrari mir kündigt," so hatte Designer Dr. Harvey Postlethwaite vor Jahren gesagt, „werde ich aus der Formel 1 aussteigen – mit weniger kann ich mich dann nicht mehr zufrieden geben." Ihm wurde gekündigt, und auch wenn er jetzt für Tyrrell arbeitet, verrät sein Ausspruch, daß es etwas ganz Besonderes ist, dem Ferrari Team anzugehören.

Selbstverständlich gehört Ferrari auch 1991 zu den absoluten Favoriten auf den Meisterschaftstitel. Der V-12-Zylinder wurde weiterentwickelt und in den Cockpits der beiden Wagen sitzen Weltklasse-Fahrer.

MOTOR: Ferrari V 12, 65 Grad, 3,5 l, ca. 710 PS.
REIFEN: Goodyear
SPONSOREN: Fiat, Marlboro, Agip, Pioneer.

Konzentriert lauscht Ex-Weltmeister Alain Prost (links) den Anweisungen seines Chefs Cesare Fiorio. 1990 kriselte es zwischen den zwei starken Charakteren oft gewaltig

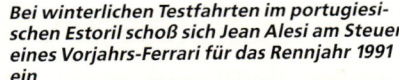

Auch abseits der Pisten verhalten sich Alain Prost (rechts) und Jean Alesi markentreu. Wie Ferrari gehört auch Alfa Roméo zum mächtigen Fiat-Konzern

Bei winterlichen Testfahrten im portugiesischen Estoril schoß sich Jean Alesi am Steuer eines Vorjahrs-Ferrari für das Rennjahr 1991 ein

Seit über 30 Jahren steht unser Name für Ferrari-Faszination in Deutschland

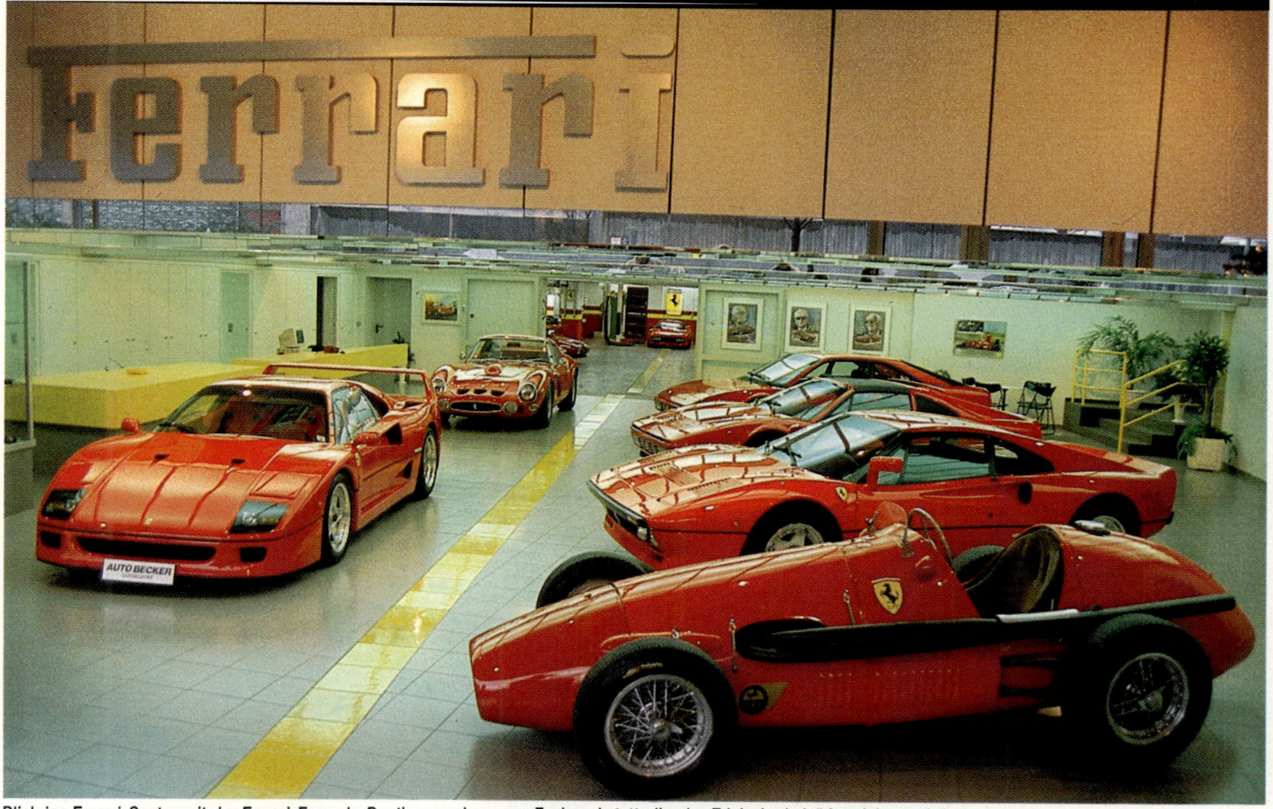

Blick ins Ferrari-Center mit der Ferrari-Formula-Boutique und unserer Fachwerkstatt, die als „Edelschmiede" bezeichnet wird.

Gern gesehener Gast in der Edelschmiede: Carlo Tazzioli umringt von Helmut Becker und den Ferrari-Mitarbeitern Salvador Gomez, Lothar Kurkerewicz, Peter Büthe, Ute Conen, Gerd Potrek, Werner Schwerdtfeger, Antonio Gomez, Nelson Gomes.

Der neue Ferrari 348 TB mit der aktuellen Modellpalette. Testarossa, Mondial T, F 40, Mondial T Cabrio.

Ferrari-Faszination pur – F 40 auf dem Weg zur Harald-Ertl-Sicherheitsfahrschule des Ferrari Owners Club Deutschland e. V.

Das interessanteste Autohaus der Welt ist die Heimat des Ferrari-Centers Auto Becker, Exklusiv-Vertragshändler für Nordrhein-Westfalen.

Termine für Ferrari-Begeisterte

Um die Ferrari-Faszination als Zuschauer mitzuerleben, geben wir folgende Tips:

24.–26. Mai
Francorchamps Rundstrecke

28.–29. Juni
Ferrari-Treffen Zandvoort
mit Harald Ertl-Sicherheitsfahrschule und
F40 Sonderlauf

26.–28. Juli
Formel 1 Grand Prix Hockenheim mit
Ferrari-Sonderlauf vor dem Start des Grand Prix

10.–11. August
Oldtimer Grand Prix Nürburgring

27.–29. September
Ferrari-Sportwochenende mit Harald Ertl-Sicherheitsfahrschule am 29. 09. auf dem Nürburgring mit F40 Sonderlauf

25.–27. Oktober
Harald Ertl-Sicherheitsfahrschule Dijon mit F40 Sonderlauf

Das interessanteste Autohaus der Welt

AUTO BECKER

Suitbertusstraße 150 · 4000 Düsseldorf · Tel. 0211/3380-1

Unsere Partner

Autohaus Bremer + Co.
5860 Iserlohn · Tel. 02371/382324

Lackmann Service
4630 Bochum · Tel. 02327/34534

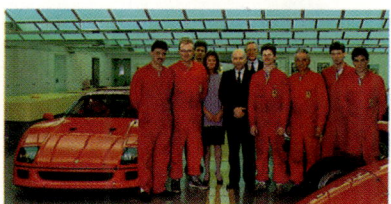

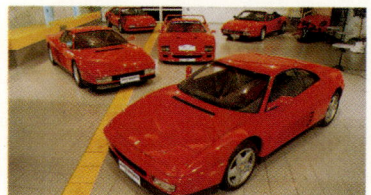

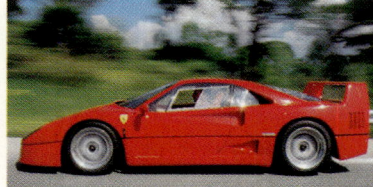

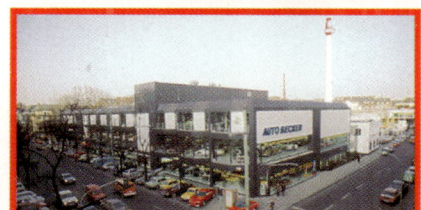

Lola Ford

29 Eric Bernard

Franzose, geb. 24.8.1964 in Istres. Ledig. 18 GP seit 1989 auf Lola. Kein Sieg.

Gemeinsam mit Jean Alesi tauchte der Franzose im Juli 1989 in der Formel 1 auf. Er zeigte auf Anhieb, daß ihm der Sprung aus der Formel 3000 in die Formel 1 keine Schwierigkeiten bereitete. Ohne auf eine große GP-Erfahrung zurückblicken zu können (zweimal kam er 1989 zum Einsatz), genoß Eric Bernard bei Larrousse so viel Vertrauen, daß er 1990 als Nummer-Eins-Pilot verpflichtet wurde.

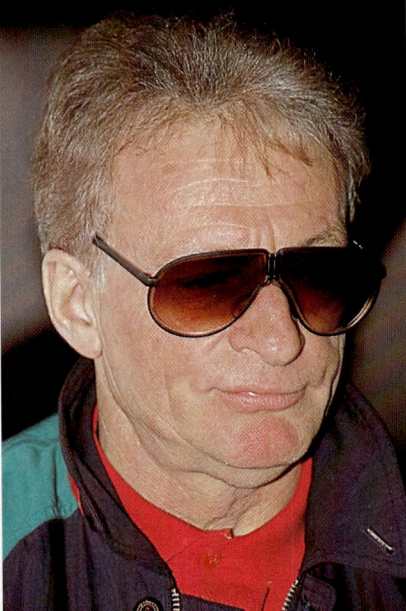

Konstrukteur Gérard Ducarouge, der Ende der 70er die Ligier so schnell machte

Wenige Monate vor Saisonbeginn traf eine harte Sportstrafe der FISA das Team des französischen Ex-Rennfahrers Gérard Larrousse wie ein Keulenschlag: Alle 1990 gesammelten WM-Punkte – Eric Bernard und Aguri Suzuki brachten es auf stolze elf Zähler – wurden aberkannt. Wer Larrousse bei der FISA anschwärzte, blieb im dunkeln. Vieles deutet darauf hin, daß Guy Ligier den entscheidenden Tip gab, zählt er doch zu den Profiteuren der Aktion. Begründet wurde das rüde Urteil mit dem Hinweis auf einen Reglement-Paragraphen, der vorschreibt, den Namen des Chassis-Herstellers in den Team-Namen zu integrieren. Das hatte Larrousse tatsächlich versäumt.

Die bösen Folgen der Strafe: Larrousse rutschte aus dem Kreis der Priviligierten, denen die Transportkosten zu den Übersee-Grand Prix zu einem großen Teil abgenommen werden. Ein anderer Schlag war zu diesem Zeitpunkt kaum verkraftet. Im Kampf um die Lamborghini-Zwölfzylinder hatten die Italiener Guy Ligier den Vorzug gegeben – Larrousse muß deshalb auf den Ford-Cosworth zurückgreifen. Und schließlich platzte die Partnerschaft mit der japanischen Firma ESPO, die sich wegen akuten Finanznöte zurückziehen mußte.

Der Name des Rennwagenherstellers Lola tauchte in der Formel 1 erstmals im Jahr 1962 auf, als Werksautos eingesetzt wurden. Nach dem Rückzug aus der Grand Prix-Klasse zum Saisonende 1963 sahen die Fans Lola-Autos ausschließlich unter der Regie fremder Teams – wie Hill oder Haas. Seit 1987 wird Larrousse beliefert.

Bäume wurden zu keiner Zeit ausgerissen, auch nicht, als in der zweiten Hälfte der 60er

Teamchef Gérard Larrousse, dem die FISA vor Saisonbeginn sehr übel mitspielte

30 # Aguri Suzuki

Jahre Lola mit Honda kooperierte, was zum Spitznamen „Hondola" führte. An die frühen Erfolge – im Jahr 1962 konnten die meisten WM-Punkte ergattert werden – kam das Werk niemals mehr heran.

Trotz des aktuellen Mißgeschicks ist mittelfristig ein Aufwärtstrend wahrscheinlich. Mit Gérard Ducarouge arbeitet nämlich einer der anerkannten Spitzenkonstrukteure für Larrousse und auch Michel Têtu zählt zu den hoch eingestuften Designern.

MOTOR: Ford DFR V 8, 90 Grad, 3,5 l, ca. 615 PS.
REIFEN:Goodyear
SPONSOREN: Toshiba, ADIA, GEO

Japaner, geb. 8.9.1960 in Tokio. Verheiratet, 1 Kind. 17 GP seit 1989 auf Zakspeed und Lola. Kein Sieg.

Bei Zakspeed nannte man den Japaner hinter vorgehaltener Hand wegen seiner zahlreichen Dreher 1989 den „Walzerkönig". Doch damit wurden die Spötter dem wahren Potential des früheren japanischen F 3000-Champion Aguri Suzuki nicht gerecht. Spätestens seit seinem dritten Platz in Suzuka 1990 genießt er einen sehr guten Ruf. Sogar das Spitzenteam Benetton bemühte sich im Winter um die Dienste des Asiaten, der aber 1991 seine zweite Saison bei Larousse fährt.

Coloni Ford

31 Pedro Chaves

Bertrand Gachot, der 1990 das zweifelhafte Vergnügen hatte, für Coloni anzutreten, bescheinigte dem Teamchef „machiavellistische Züge". Durch keine Bedenken gehemmt, sorge Enzo Coloni für den eigenen Vorteil. Viel konnte er mit dieser Politik nicht bewegen – wie stets seit dem Einstieg in die Formel 1 im Jahr 1987.

Die Grenzen des italienischen Überlebenskünstler-Teams werden durch den traditionell knappen Finanzrahmen gesteckt. Ohne Geld läuft im Grand Prix-Sport nicht viel – Wunder sind schon gar nicht zu erwarten. Und Wunder braucht der Rennstall, will er die rote Laterne in der Hackordnung abgeben.

Wer – weil die wenigen Motoren geschont werden sollen – auf Trainingsrunden verzichten muß, der engagiert sich vermutlich in der falschen Sportart. Die Scuderia, die 1990 für wenige Monate im Besitz der japanischen Firma Subaru war, kann nur durchhalten, wenn sie tatsächlich von einem starken Partner übernommen wird, oder falls ein Sponsor den Geldhahn weit aufdreht.

Bei 49 Versuchen konnte sich Coloni bis zum Saisonende 1990 nur 13mal für einen Grand Prix qualifizieren. Da überrascht es nicht, daß der Rennstall bei keinem Sponsor auf dem Wunschzettel steht. Der Teufelskreis hat sich geschlossen: Keine Erfolge – kein Geld, kein Geld – keine Erfolge.

Die Tatsache, daß sich kein auch nur halbwegs namhafter Pilot für das von Gachot geräumte Cockpit interessierte, spricht für sich. Niemand wollte seinen Ruf aufs Spiel setzen. Das akute Chauffeur-Problem war nur durch die Verpflichtung eines Nachwuchs-Mannes zu lösen. Fündig wurde Enzo Coloni in Portugal. Der Formel 3000-Fahrer Pedro Chaves ließ sich auf das Abenteuer ein.

Den Sprung in die Formel 1 hat der Südeuropäer damit zwar geschafft, doch wird ihm das in der Praxis nicht viel nützen: Es wäre ein Wunder, wenn er sich auch nur für einen einzigen Grand Prix qualifizieren sollte.

**MOTOR: Ford DFR V 8, 90 Grad, 3,5 l, ca. 615 PS.
REIFEN: Goodyear
SPONSOREN: Mateus, Galp.**

Portugiese, geb. 20.2.1965 in Oporto. Ledig. Formel 1-Debütant.

Als Neuling im schwächsten aller Teams antreten zu müssen, bedeutet für Pedro Chaves nahezu zwangsläufig, verheizt zu werden. Während der einstündigen Prequalifying-Sitzungen wird er darüber hinaus kaum Gelegenheit haben, sich anderen Teamchefs zu empfehlen. Nur selten war ein Einsteiger in den Grand Prix-Zirkus derart chancenlos.

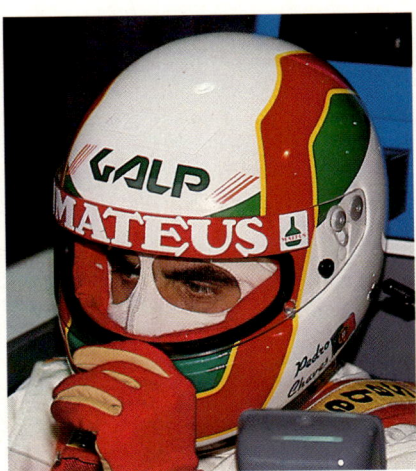

Enzo Coloni, der in seinem Team in Personalunion die Rollen des Chefs und des Konstrukteurs einnimmt

Jordan
Ford

32 Bertrand Gachot

Drei Rennställe verabschiedeten sich 1990 vom Grand Prix-Geschäft, zwei Neulinge gleichen diesen Verlust nahezu wieder aus. Einer der beiden Einsteiger ist das Team des Iren Eddie Jordan, der sich über die Formeln 3 und 3000 emporarbeitete, bevor er Ende 1989 seinem ehrgeizigen GP-Projekt grünes Licht gab.

Teamchef Eddie Jordan

Die seriös lange Zeit der Vorbereitung erlaubte es, Nägel mit Köpfen zu machen. So war der Wagen im Frühsommer 1990 fertiggestellt und alle notwendigen flankierenden Verträge – vom Motorenabkommen mit Ford bis zur Einigung mit den Sponsoren – wurden so rechtzeitig abgesprochen und unterzeichnet, daß auf solider Basis getestet werden konnte. Die Ergebnisse bei den Probefahrten waren hervorragend.

Das Projekt erschien bereits in einem frühen Stadium derart vielversprechend, daß es nicht schwer fiel, anerkannt gute Mitarbeiter zu gewinnen. So arbeitet Ian Phillips als Team-Manager. Weil er die „dummen Antworten der Piloten" nicht mehr ertragen konnte, wechselte er 1986 die Fronten: Aus dem Formel 1-Journali-

Belgier, geb. 23.12.1963 in Luxemburg. Ledig. 5 GP seit 1989 auf Onyx. Kein Sieg.

Er ist in Luxemburg geboren, besitzt einen belgischen Paß und bezeichnet sich selbst als Europäer. Als Nachwuchsfahrer stieg er überdurchschnittlich schnell auf. Nach zahlreichen Enttäuschungen sollte sich Bertrand Gachot jetzt einen Stammplatz in der Formel 1 erobern können. Endlich bekommt er die Möglichkeit, sein Potential zu entfalten. Er müßte nur noch jenen Jähzorn ablegen, der ihn in den Stunden des Frusts trotz seiner sehr guten Kinderstube manchmal packt.

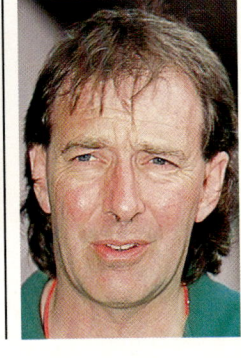

Team-Manager Ian Phillips

sten wurde der Manager des wiedergeborenen March-GP-Teams. In der neuen Funktion bewährte er sich auf Anhieb.

Sicherlich wäre er Leyton House, wie der Rennstall seit dem Besitzerwechsel heißt, treu geblieben, doch 1990 mußte er mit aller Härte die rauhen Machtkämpfe der Formel 1 am eigenen Leib erfahren. Phillips erkrankte an Meningitis und sofort entbrannte hinter den Kulissen ein internes Ringen um seinen Posten. Als er nach Tagen endlich Besuch im Krankenhaus bekam, freute er sich über diese „Ehre" nur für Minuten. Der Mitarbeiter war lediglich erschienen, um den Paß abzuholen, der bei den Rennen Zutritt zu den Boxen gewährt...

Wieder genesen, wurde er zwar noch einmal in Gnaden bei Leyton House aufgenommen, doch daß er in Silverstone mit einem Platz auf der Tribüne vorliebnehmen mußte, konnte er nicht vergessen. Vier Jahre GP-Erfahrung bringt Phillips mit zu Jordan, und der Chef selbst erscheint intelligent und geschäftstüchtig genug, um dem Team eine faire Überlebenschance zu sichern.

Chef-Konstrukteur Gary Anderson

MOTOR: Ford HB V 8, 75 Grad, 3,5 l, ca. 660 PS.
REIFEN: Goodyear
SPONSOREN: 7 up, Marlboro.

33 Andrea de Cesaris

Italiener, geb. 31.5.1959 in Rom. Ledig. 150 GP seit 1980 auf Alfa Romeo, McLaren, Ligier, Minardi, Brabham, Rial und Dallara. Kein Sieg, einmal Trainingsschnellster.

Seinen ersten Grand Prix bestritt der Römer 1980 in Kanada. Von den heute aktiven F1-Piloten waren damals nur Patrese, Prost und Piquet mit am Start. Andrea de Cesaris gehört also zu den dienstältesten Fahrern, doch seine Ausbeute ist bescheiden: Eine Pole-Position, 33 Führungs-Kilometer und 38 WM-Punkte. Für Schlagzeilen sorgten nur seine zahlreichen Karambolagen. Die Saison 1991 dürfte seine letzte Chance sein.

Lamborghini

34 Nicola Larini

Als zweiter Einsteiger hat es das Modena Team ungleich schwerer als Jordan. Selten litt ein Formel 1-Projekt unter größeren Geburts-Schwierigkeiten. Zunächst liefen die Fäden für das ehrgeizige Vorhaben in Mexiko zusammen, doch kaum war der Bolide auf die Räder gestellt, da tauchten die Verantwortlichen unter mysteriösen Umständen ab. Nun sprang das Lamborghini-Werk vorübergehend in die Bresche, machte jedoch schnell einen Rückzieher, weil die Finanzierung nicht sichergestellt werden konnte.

Aufgrund dieser Entwicklung hing die ganze Planung wieder völlig in der Luft. Interessenten für das Team gaben sich zwar die Klinke in die Hand – so stand Peter Monteverdi kurz vor Vertragsabschluß – doch vor der Unterschrift bekamen die Bewerber regelmäßig kalte Füße. Dann tauchte der agile italienische Geschäftsmann Carlo Patrucco auf und übernahm die „Konkursmasse" gemeinsam mit befreundeten Partnern. Dem Debut des „Modena Team" getauften Rennstalls schien nichts mehr im Weg zu stehen, da spukte es hinter den Kulissen erneut. Gerüchte wollten wissen: Die Patrucco-Gruppe habe sich finanziell verkalkuliert. Erst im Februar, gut vier Wochen vor dem Saisonstart, wurde offiziell erklärt, daß ein ausreichendes Budget definitiv zur Verfügung stehe.

Italiener, geb. 19.3.1964 in Camaiore. Ledig. 35 GP seit 1987 auf Colon, Osella und Ligier. Kein Sieg.

Als einer der zahllosen „Inis" aus Italien konnte sich Nicola Larini seit seinem ersten Grand Prix – 1987 in Jerez – bisher nicht für ein Spitzen-Team empfehlen. Ob seine geringe Erfahrung ausreicht, dem Einsteiger „Modena Team" die dringend notwendigen Impulse zu geben, bleibt abzuwarten. Elf italienische Grand Prix-Piloten treten 1991 an – ein Mittelfeld-Platz würde ihn nicht aus dieser Masse herausheben...

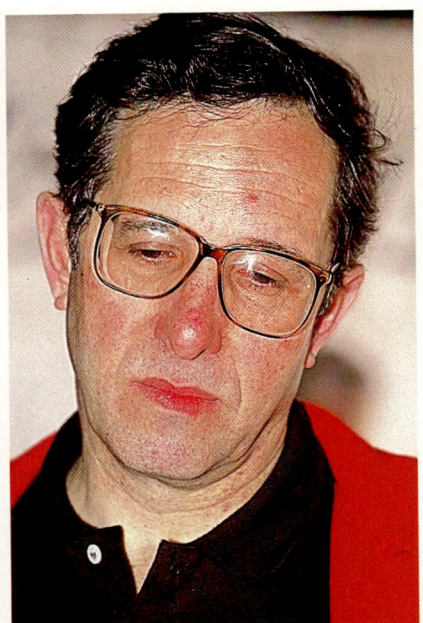

Konstrukteur Mauro Forghieri

Ob der Rennstall, der mit Lamborghini als wichtigstem Zulieferer eng zusammenarbeitet, technisch gut gerüstet ist, muß nach den ersten Testfahrten bezweifelt werden. Der Bolide erinnert – speziell im aerodynamischen Bereich – an Experimente, die von Konkurrenten während der 70er Jahre gemacht wurden, die sich aber damals schon nicht bewährten...

Stärkste Stütze des Teams ist Mauro Forghieri, der zwei Jahrzehnte lang erfolgreich bei Ferrari arbeitete. Der Lamborghini-Ingenieur ist nicht nur extrem routiniert, sondern auch außergewöhnlich motiviert: Seit seinem unfreiwilligen Abschied von Ferrari hofft er, diese Schmach den „Roten" eines Tages auf der Piste heimzahlen zu können. Doch der Weg dorthin ist weit...

Eric van de Poele

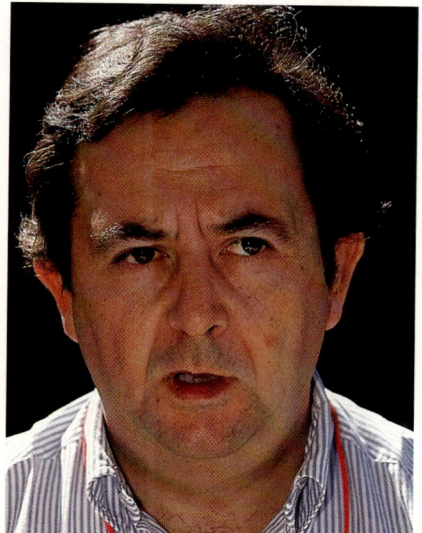

Teamchef Carlo Patrucco

MOTOR: Lamborghini V 12, 80 Grad, 3,5 l, ca. 660 PS.
REIFEN: Goodyear
SPONSOREN: Agip, Italcompositi, AGV, Grana Padano.

Belgier, geb. 30.9.1961 in Brüssel. Ledig. Formel 1-Debütant.

Wie alle Grand Prix-Rookies, so kommt auch der Belgier aus der harten Formel 3000-Schule. Er absolvierte sie 1990 als Vizemeister hinter Erik Comas. Eric van de Poele sollte schon 1990 in Spa durch Monteverdi eine F 1-Chance bekommen. Wegen des Rückzugs der Schweizer kam er allerdings nicht zum Einsatz. „VDP" wird 1991 zufrieden sein, wenn er zuweilen die Vorqualifikation meistert.

Der Sieger sind Sie.

Vielleicht gehören auch Sie zu den Autofahrern, die auf sportliche Erfolge ihrer Marke besonders stolz sind.

Als Audi Fahrer zum Beispiel werden Sie sich dann über die Erfolge von Hans-Joachim Stuck freuen, der bei der Deutschen Tourenwagen-Meisterschaft seinen zahlreichen Gegnern das Nachsehen gab. Und zwar mit einem Audi V8 quattro. Das Eindrucksvolle an diesen Audi Siegen war aber nicht die Kraft der PS, sondern die Überlegenheit des Antriebs. Die Schlußfolgerung aus dieser Tatsache werden Sie schon vermutet haben: Was sich unter den extremen Anforderungen einer Rennstrecke so gut bewährt, kann auf alltäglichen Strecken nur besser sein. So gesehen sind unsere Siege bei sportlichen Wettbewerben vor allem eins: ein Gewinn für Sie.

 Vorsprung durch Technik

In den Sand gesetzt

Das vorletzte Rennen, die erste Kurve: Hier entschied sich die WM 90. Aber das gnadenlose Duell Senna/Prost geht weiter

21. Oktober 1990: Im japanischen Suzuka gibt die Ampel den Start zum vorletzten Rennen der Saison frei. Ayrton Senna und Alain Prost schießen aus der ersten Reihe los. Prost weiß: nur wenn er dieses Rennen gewinnt, kann er noch Weltmeister werden. Jede andere Plazierung macht automatisch Senna zum Champion.

Das Rennen dauert für ihn nur bis zur ersten Kurve, keine zehn Sekunden lang. Senna touchiert mit seinem McLaren das Heck von Prosts Ferrari. Beide Wagen kreiseln von der Piste, in den Sand der Auslaufzone. Die weltbesten Fahrer scheiden aus, aber Senna hat den Titel.

Eine alte Sportler-Weisheit lautet: „Allein das Ergebnis zählt – wie es zustande kam, ist völlig egal." Aber diese Aktion hat nicht nur an der Piste viel Staub aufgewirbelt: Zahllose Zeugen, die den Crash vor Ort und weltweit an den Fernsehschirmen verfolgten, konnten sich mit der Knockout-Methode nicht anfreunden.

Der Vorfall hat eine delikate Vorgeschichte. 1989 hatte Prost die WM in Suzuka ebenfalls aufgrund einer umstrittenen Rangelei gewonnen – Leidtragender war damals Ayrton Senna! Gerhard Berger, sicherlich ein kompetenter Beobachter, urteilte eindeutig: „In den letzten Jahren ereigneten sich immer wieder Karambolagen. Wirklich Schuldige gab es dabei nie,

denn mal geschahen die Zwischenfälle im Kampfeseifer, mal war einer der Beteiligten unkonzentriert. Es gibt allerdings zwei Ausnahmen: Suzuka 1989 und Suzuka 1990!"

Das abgelaufene Rennjahr verlief außergewöhnlich farbig. Es war vollgestopft mit Spannung, Dramatik und Überraschungen, so daß es noch in ferner Zukunft für Gesprächsstoff sorgen wird. Mit Jean Alesi meldete ein kommender Superstar seine Ansprüche an. Nelson Piquet strafte mit zwei Überraschungssiegen all diejenigen Lügen, die ihn bereits abgeschrieben hatten, und March sorgte im Juli aus dem Nichts für Furore, nachdem der Rennstall zuvor in Mexiko peinlich gepatzt hatte. ▶

◀ Nach der vieldiskutierten Karambolage marschieren der neue Weltmeister (vorn mit Helm) und sein Vorgänger vom "Schlachtfeld". Es fällt kein einziges Wort

Aufwirbelnder Sand, ein paar wegfliegende Trümmer, aus: In der Startkurve der Suzuka-Rennstrecke schießt Ayrton Senna (27) seinen stärksten Konkurrenten Alain Prost ab – und krönt sich damit vorzeitig zum Champ 90 ▼

109

Alessandro Nannini (vorn) überholt Grouillard. "Sandro" heilt zur Zeit die Verletzungen aus, die er sich bei einem Helikopter-Absturz im Oktober 1990 zuzog

Black and White in Sao Paulo: Was wäre der Grand Prix ohne schöne Mädchen an den Strecken? Die Groopie-Ära ist allerdings vorüber

Ausgerechnet im Sonnenstaat Arizona verregnet der Saisonstart 1990: der als wasserscheu bekannte Nelson Piquet bei der Durchquerung einer "Furt"

Aber auch hinter den Kulissen gab es keine Verschnaufpause. Hier schoß Nigel Mansell, der in Silverstone den Ausstieg aus der Formel 1 zum Saisonende ankündigte, den Vogel ab. Wegen Arbeitsverweigerung stand er in Spa vor einer fristlosen Kündigung. In Estoril sabotierte er Prost und schließlich verschob er den Rücktritt auf unbestimmte Zeit.

1990 wird aber auch in Erinnerung bleiben, weil Lotus-Pilot Martin Donnelly in Jerez nur mit einer großen Portion Glück einen Jahrhundert-Unfall überlebte, und weil Sunnyboy Sandro Nannini seit einem Hubschrauber-Absturz im Oktober um die Fortsetzung seiner Karriere bangen muß.

Die Saison begann in Phoenix mit einem Paukenschlag: Jean Alesi, gerade acht WM-Läufe „alt", tanzte den etablierten Superstars 34 Runden lang auf der Nase herum, bevor er sich – nach respektloser Gegenwehr – Ayrton Senna geschlagen geben mußte.

Nach dem Training sind die Augen allerdings zunächst auf Gerhard Berger gerichtet, der Bestzeit fährt, sowie auf die beiden Italiener Pierluigi Martini und Andrea de Cesaris: Sie landen unmittelbar hinter dem Tiroler.

Berger konzentriert sich am Start auf Ayrton Senna, der „abgeschlagen" auf Platz fünf steht. Als die Ampel auf Grün springt, ist es dann überraschend Jean Alesi, der von Rang vier aus das Kommando übernimmt. „Auf den habe ich nicht geachtet, der stand nicht auf meiner Liste", gesteht Berger später. „Als er plötzlich neben mir fuhr, war es schon zu spät." Acht Runden lang schirmt Berger den jungen Franzosen unfreiwillig ab, dann rutscht Bergers rechter Fuß vom Bremspedal und der McLaren landet in einem Reifenpolster vor der Leitplanke. Jetzt ist der Weg für Senna frei. Doch fast eine volle Stunde benötigt der Brasilianer, um den Nachwuchsmann zu schlagen. Selbst als er endlich vorn liegt, kontert Alesi – frech wie Oskar – und erobert die Spitze ein letztes Mal zurück. Erst Sennas zweiter Angriff klärt die Lage endgültig zu seinen Gunsten.

Das war am 11. März, und spätestens seit diesem Tag weiß der Italo-Franzose, was er in der Branche wert ist. Dieser Mann fürchtet sich vor nichts und niemand – auch nicht vor seinem neuen Teamkollegen Alain Prost. Bei Ferrari gäbe es 1991 keinen Statusunterschied zwischen ihm selbst und Prost, erklärte Alesi bereits Ende Oktober selbstbewußt.

Der französische Altmeister mußte hingegen mit Alesis Verpflichtung eine persönliche Niederlage einstecken: Prost zog im verborgenen vergeblich alle Register, um das enfant terrible der Scuderia fernzuhalten.

Im zweiten Rennen zeichnete sich dann eine nicht erwartete Entwicklung ab, die zunächst in ihrer Tragweite kaum erkannt wurde: In Sao Paulo, auf der „zeitgemäß" entschärften Piste von Interlagos, siegte Alain Prost auf Ferrari.

Zungenspiele hinter FISA-Präsident Jean-Marie Balestre: Nach dem Großen Preis von Belgien steht die Anspannung noch in den Gesichtern von Alain Prost, Sieger Ayrton Senna (Mitte) und Gerhard Berger (rechts)

Den Grundstein für diesen Erfolg legte allerdings Widersacher Ayrton Senna, der sich selbst um alle Siegchancen brachte, weil er – überlegen in Führung – beim Überrunden den Japaner Satoru Nakajima „übersah"...

Dieser Lauf machte zwei Dinge deutlich: Zum einen hatte das Ausnahme-Talent Senna die Suche nach einem kühlen Kopf in heiklen Situationen noch nicht beendet, zum anderen war Prost – entgegen allen Unkenrufen – offenbar unverändert hoch motiviert.

Imola stand ganz im Zeichen des dienstältesten Grand Prix-Piloten Riccardo Patrese. Er konnte zu diesem Zeitpunkt bereits auf die Rekordzahl von 194 Grand Prix-Starts zurückblicken. Der Italiener, auf dessen Konto seit 1977 erst zwei Erfolge zu verzeichnen waren, triumphierte zum eigenen Erstaunen. Im weiteren Saisonverlauf bewies er aber, daß ihn die zehrenden Formel 1-Jahre nicht abnutzen konnten: Viermal – häufiger als jeder anderen Pilot – drehte er die schnellste Runde eines Grand Prix.

Abseits der Siegesfeier des Oldies reifte in Imola allerdings eine bereits in Phoenix keimende Befürchtung zur Wahrheit: McLaren-Neuling Gerhard Berger, der sich mit erklärten Titelambitionen Ron Dennis angeschlossen hatte, würde 1990 nicht viel zu bestellen haben. Der Würgegriff des Ayrton Senna und der

Weltmeisterschaft 1990 Endstand

1.	Ayrton Senna	78 Punkte
2.	Alain Prost	71 (+ 2)
3.	Nelson Piquet	43 (+ 1)
4.	Gerhard Berger	43
5.	Nigel Mansell	37
6.	Thierry Boutsen	34
7.	Riccardo Patrese	23
8.	Alessandro Nannini	21
9.	Jean Alesi	13
10.	Roberto Moreno	6

Weitere WM-Punkte:
Ivan Capelli (6), Aguri Suzuki (6), Eric Bernard (5), Derek Warwick (3), Satoru Nakajima (3), Alex Caffi (2), Stefano Modena (2), Mauricio Gugelmin (1)
(in Klammern: Streichresultate)

spartanisch enge Arbeitsplatz im Cockpit des McLaren MP4/5B grenzten den langen Tiroler aus dem Kreis der WM-Anwärter aus. Berger, das wurde schnell deutlich, entwickelte sich zur tragischen Figur des GP-Zirkus. Er mußte alle Titelhoffnungen auf 1991 verschieben.

Die Ängste seiner Fans bestätigten sich bereits 14 Tage später in Monte Carlo. Übernervös fand Berger während des Trainings in der Roulettestadt am Mittelmeer keinen Rhythmus. So mußte der Österreicher mit der Bürde des fünften Startplatzes in ein Rennen, das schon nach

wenigen Sekunden als 38. Abbruch-Grand Prix in die WM-Geschichte einging. Oben, in der Bergabpassage vom Casinoplatz hinunter zum Meer, rammte Gerhard Berger im Kampfeseifer Titelverteidiger Alain Prost, und die Havaristen blockierten die ohnehin schmale Piste.

Das Rennen ging an Ayrton Senna, Platz zwei an den Star von morgen, Jean Alesi. Mit zwei Erfolgen nach einem Viertel des WM-Programms schien Senna klar auf Titelkurs. Er festigte seine Favoritenrolle, als er in Montreal erneut neun Punkte absahnte. Berger vergab diesmal alle Chancen durch einen Frühstart, der ihm eine Strafminute einbrachte.

Dann wurde der scheinbar lockere Durchmarsch des Brasilianers jedoch jäh gestoppt. Denn was in Sao Paulo noch wie eine Eintagsfliege gewirkt hatte, bekam Methode: Alain Prost pilotierte seinen Ferrari zu einem lupenreinen Hattrick. Der Franzose gab seinen Gegnern nacheinander in Mexiko, Frankreich und Großbritannien das Nachsehen! Der unerwartete Zwischenspurt brachte den Franzosen bei Halbzeit des Championats mit 41 Punkten an die Spitze des Zwischenklassements. Mit dem Gewicht seiner überaus reichen Erfahrung führte der alte Fuchs Ferrari zurück an die Spitze der Formel 1, nachdem in den letzten Jahren Siege nur sporadisch gefeiert werden durften.

Doch Senna saß ihm mit nur zwei Zählern Rückstand im Nacken und eroberte durch einen Sieg in Hockenheim die Spitze zurück – die Weichen für ein Duell der Extra-Klasse waren gestellt. Wie 1988 und 1989 lief die WM auf ein Showdown des französisch-brasilianischen Paares hinaus.

Der Zweikampf der Giganten erhielt zusätzliche Würze, weil sich die Ex-Teamkollegen (1988 und 1989 fuhren Prost und Senna gemeinsam für McLaren) immer tiefer in eine persönliche Fehde verstrickten. Seit dem Frühjahr 1989 waren sich die beiden nicht mehr grün. Prost hatte sich damals in Imola von seinem Stallkameraden verschaukelt gefühlt. Zum offenen Krieg kam es Ende 1989, als sie in Suzuka – jeder hatte den Titelgewinn vor Augen – kollidierten. Die Folgen der Karambolage machten Prost zum Champion. Seit ein Versöhnungsversuch des hakennasigen „Professors" 1990 in Phoenix an Sennas Verhalten gescheitert war, standen die Zeichen scheinbar unwiderruflich auf Sturm.

In Ungarn mußte das siegverwöhnte Duo die neun Siegerpunkte Thierry Boutsen überlassen, der nach zwei Erfolgen in strömendem Regen endlich bewies, auch auf trockenem Asphalt gewinnen zu können. Das Klima zwischen dem Belgier und seinem Arbeitgeber Frank Williams verschlechterte sich trotzdem. Wenn Boutsen in der laufenden Saison für Ligier startet, dann wird sicherlich stets eine „jetzt erst recht"-Einstellung erkennbar sein.

Dann legte Senna das Fundament für die Rückeroberung der WM-Krone: Die Läufe in Spa und Monza entschied er klar für sich, und später erklärte er rückblickend, sein überzeugender Triumph in Italien sei der Schlüssel zum Titelgewinn gewesen.

Tatsächlich ist Sennas Auftritt in Monza weltmeisterlich. Wegen einer morgendlichen Motorpanne kann er seinen McLaren nicht für das Abschlußtraining abstimmen. Pi mal Daumen – hier hilft die Erfahrung – wird das Auto eingestellt. Trotzdem gelingt ihm ein außergewöhnliches Kunststück: In allerletzter Minute dreht er eine Superrunde, schlägt Alain Prost um 1,4 Sekunden und steht auf der Pole-Position. Stolz und erleichtert spricht Senna von „dem unangenehmen Gefühl", unter solch widrigen Umständen alles auf eine Karte setzen zu müssen.

Mit dieser Leistung legt der Brasilianer den Grundstein für den Sieg, denn am Renntag bringt ihn auch ein zweiter Start – wegen eines spektakulären Überschlags des Lotus von Derek Warwick muß zunächst abgebrochen werden – nicht aus der Ruhe, die er für seinen ersten Erfolg in Monza braucht: Fehlerfrei spult er die Distanz ab und landet einen Start-Ziel-Sieg.

Die WM schien gelaufen, und in der entkrampften Atmosphäre – Senna versprühte nach der Siegerehrung in Monza Optimismus, Prost ▶

Gewaltige Fliehkräfte zerren an den Nackenmuseln. Ayrton Senna neigt den Kopf, um dagegen anzukämpfen. Auf Kursen, die extreme Kurvengeschwindigkeiten erlauben, helfen sich viele Piloten mit Helm-Schlaufen oder stabilisierenden Hals-Manschetten aus ultraleichtem, individuell geformten Plastik

Die Faust im Nacken: Grand Prix-Oldie Riccardo Patrese im Williams-Renault wird in Monza von Gerhard Berger bedrängt. Dahinter Phillipe Alliot im Ligier und Andrea de Cesaris (Dallara)

Bernd Schneider als "Kamera-Mann" während des Grand Prix der USA 1990 in Phoenix. Links vom Helm ist das TV-Auge gut erkennbar

Bis Oktober grübelte Nelson Piquet, wie er siegen könnte, dann schlug er zweimal zu

Sao Paulo: In dem nach Ayrton Senna benannten Bergab-S verliert Olivier Grouillard das Augenmaß. Nach einer Rempelei mit Michele Alboreto (9), hebt der Osella ab! Wenige Kilometer weiter ist seine Fahrt beendet

gestand seine Niederlage im Titelkampf voreilig ein – reichten sich die verfeindeten Stars versöhnlich die Hände. Doch das Kriegsbeil wurde schnell wieder ausgegraben.

Ein Prost in Top-Form witterte in Estoril unvermutet Morgenluft, scheiterte allerdings an der mangelnden Kooperation seines Teamkollegen Nigel Mansell, der Ende August bei Ferrari in Ungnade gefallen war: Er hatte seinen Wagen in Spa für „unfahrbar" erklärt und ihn vor Rennende an den Boxen abgestellt.

Aufgeschoben war nicht aufgehoben: Acht Tage nach Prosts schmerzlichen Erfahrungen in Portugal schwor ihm Mansell absolute Treue. Er unterstützte ihn tatsächlich bei seiner Siegesfahrt in Jerez sichtbar nach Kräften.

Der Kampf um den Thron des Weltmeisters war immer noch nicht entschieden, als der Grand Prix-Troß zum vorletzten Wertungslauf nach Japan reiste. Dort, im Land der Samurai, machte Ayrton Senna auf höchst unritterliche Art Nägel mit Köpfen: Nur Sekunden nach dem Start schoß er den lästigen Widersacher Prost ab und krönte sich damit zum neuen Champion. Die Saison 1990 hatte ihren Weltmeister. Und die Saison 1991 ihren emotionell aufgeheizten Background für eine Fortsetzung packender Kämpfe der schnellsten Männer der Welt.

Nach den Ereignissen von Suzuka kam dem Finale in Adelaide wieder einmal nur statistische Bedeutung zu. Diesmal allerdings Bedeutung ganz besonderer Art: Auf dem fünften Kontinent wurde der 500. WM-Lauf des Fahrer-Championats ausgetragen. Die Australier feierten das Jubiläum als gigantische Party. Sportlich litt das Wochenende unter der eskalierten Fehde zwischen Prost und Senna. Ohne miteinander auch nur ein einziges Wort zu sprechen, hagelte es von beiden Seiten verbale Angriffe. Wie zuvor in Jerez und Suzuka sah der Brasilianer nicht die Zielflagge – diesmal stoppten ihn die Folgen eines Getriebeschadens. Aber auch Prost kam nicht zum Zug. Erst hinter Nelson Piquet, der sich als Sieger überraschend Rang drei im WM-Schluß-Klassement sicherte, und Nigel Mansell kam der Franzose ins Ziel.

Als unmittelbare Folge der Ereignisse des Rennjahrs 1990 darf für die laufende Saison erwartet werden,

○ daß die Luft für McLaren nach drei fetten Jahren dünner wird,
○ daß sich der Psycho-Krieg zwischen Prost und Senna fortsetzt,
○ daß die stiernackige Mimose Nigel Mansell im Williams-Cockpit noch einmal alles auf eine Karte setzt,
○ daß Gerhard Berger mit völlig neuer Taktik gegen die Festung Senna anrennt
○ und daß extreme Überraschungen – wie die Glanznummern des bereits abgeschriebenen March-Teams in Le Castellet und Silverstone – auch heute noch möglich sind. ■

114

Besten-Liste
Zusammengestellt nach 500 Grand Prix-Läufen (Bis zum Beginn der WM 91)

Die siegreichsten Fahrer

1. Prost	44 Siege
2. Stewart	27
3. Senna	26
4. Clark	25
Lauda	25
6. Fangio	24
7. Piquet	22
8. Mansell	16
Moss	16
10. Brabham	14
E. Fittipaldi	14
G. Hill	14
13. Ascari	13
14. Andretti	12
Jones	12
Reutemann	12
17. Hunt	10
Peterson	10
Scheckter	10
20. Hulme	8
Ickx	8

Die Kilometer-Könige

(Alle bei Läufen zurückgelegten WM-Führungs-Kilometer seit 1957, ca.-Angaben)

1. Prost	10 333 km
2. Clark	10 189
3. Senna	9 773
4. Stewart	9 077
5. Piquet	7 454
6. Lauda	7 188
7. Mansell	4 710
8. G. Hill	4 618
9. Brabham	4 541
10. Andretti	3 577
11. Reutemann	3 309
12. Peterson	3 304
13. Hunt	3 229
14. Ickx	3 067
15. Jones	2 877
16. Scheckter	2 837
17. Arnoux	2 561
18. Villeneuve	2 244
19. Rosberg	2 137
20. Surtees	2 131

Die emsigsten Grand Prix-Teilnehmer

1. Patrese	208 GP
2. Piquet	188
3. G. Hill	176
Laffite	176
5. Lauda	171
6. Prost	169
7. Watson	152
8. De Cesaris	150
9. Arnoux	149
Mansell	149
11. Reutemann	146
12. Alboreto	144
E. Fittipaldi	144
14. Jarier	136
15. Cheever	132
Regazzoni	132
17. Warwick	131
18. Andretti	128
19. J. Brabham	126
20. Peterson	123

Die zehn jüngsten Sieger

McLaren	22 Jahre
Ickx	23
de Angelis	24
Fittipaldi	24
Hawthorn	24
Scheckter	24
Brooks	25
Collins	25
Lauda	25
Senna	25

Die acht ältesten Sieger

Fagioli	53 Jahre
Farina	47
Fangio	46
Taruffi	46
Brabham	44
Trintignant	41
G. Hill	40
Regazzoni	40

Die Multi-Weltmeister

5 Titel:	Fangio	(1951-54-55-56-57)
3 Titel:	Brabham	(1959-60-66)
	Stewart	(1969-71-73)
	Lauda	(1975-77-84)
	Piquet	(1981-83-87)
	Prost	(1985-86-89)
2 Titel:	Ascari	(1952-53)
	G. Hill	(1962-68)
	Clark	(1963-65)
	E. Fittipaldi	(1972-74)
	Senna	(1988-90)

Motor-Hitparade der GP

(Ohne Indianapolis)
1.	Ford	158 Siege
2.	Ferrari	103
3.	Honda	58
4.	Climax	40
5.	Porsche	26
6.	Renault	24
7.	BRM	18
8.	Alfa Roméo	12
9.	Maserati	11
10.	BMW	9
	Mercedes	9
	Vanwall	9

Reifen-Hitparade der GP

(Mit Indianapolis)
1.	Goodyear	248 Siege
2.	Dunlop	83 Siege
3.	Michelin	59 Siege
4.	Firestone	49 Siege
5.	Pirelli	44 Siege

Die Konstrukteurs-Weltmeister

1.	Ferrari	(8 Titel: 1961-64-75-76-77-79-82-83)
2.	Lotus	(7 Titel: 1963-65-68-70-72-73-78)
3.	McLaren	(6 Titel: 1974-84-85-88-89-90)
4.	Williams	(4 Titel: 1980-81-86-87)
5.	Brabham	(2 Titel: 1966-67)
	Cooper	(2 Titel: 1959-60)

Die ewigen Besten

(Die Fahrer mit den meisten WM-Punkten. In Klammern die für die WM-Wertung verlorenen "Streichresultate")
1.	Prost	665,5 (- 30)
2.	Piquet	459 (- 4)
3.	Lauda	420,5
4.	Senna	395 (- 4)
5.	Stewart	360 (- 1)
6.	Reutemann	310 (- 12)
7.	Mansell	289 (- 2)
	G. Hill	289 (- 19)
9.	E. Fittipaldi	281
10.	Fangio	277,5 (- 32,5)
11.	Clark	274 (- 19)
12.	Brabham	261 (- 8)
13.	Scheckter	255 (- 9)
14.	Hulme	248
	Laffite	228
16.	Regazzoni	212 (- 3)
17.	Jones	206 (- 7)
	Peterson	206
19.	McLaren	198,5 (- 8)
20.	Moss	186,5 (- 1)

Anläßlich des Jubiläums-Grand Prix in Adelaide, trommelte die FISA ehemalige und den regierenden Weltmeister unter der australischen Frühlingssonne zusammen. Sitzend von links: Nelson Piquet (3 WM-Titel), Juan-Manuel Fangio (5 Titel), Ayrton Senna (2 Titel) und Sir Jack Brabham (3 Titel). Stehend von links: James Hunt (1 Titel), Jackie Stewart (3 Titel) und Denis Hulme (1 Titel)

Einem Formel 1-Wagen unter die Haut geschaut

Das Formel 1-Reglement legt die Bauvorschriften für die Rennwagen sowie den Ablauf von Training und Rennen fest. Bereits vor Beginn der Aktivitäten werden alle Autos von Kommissaren, die auch an den dreitägigen Grand Prix-Wochenenden Stichproben machen, genau überprüft. Nach Rennende müssen alle Fahrzeuge bis zum Ablauf der Protestfrist in den parc fermé. Dort dürfen sie ausschließlich von Offiziellen berührt werden. Jedes Team kann die Überprüfung von Mitbewerber-Wagen beantragen. Die Zusammensetzung des Benzins, die Abmessungen und das Gewicht gehören zu den Details, die am häufigsten Kontrollen unterzogen werden. Wer Überprüfungen verweigert, wird disqualifiziert und zusätzlich meist mit einer saftigen Geldbuße bestraft.

Heckspoiler

Ähnlich wie Frontspoiler dienen Heckspoiler dem Anpreßdruck mit spezieller Bedeutung für die Antriebsräder. Der Winkel der Heckspoiler beeinflußt den Luft-Widerstandswert – je flacher der Flügel eingestellt ist, desto schneller ist das Auto auf den Geraden; je steiler, desto besser das Fahrverhalten in engen Kurven.

Getriebe

Alle Teams bauen ihre Getriebe in Eigenregie. Nur Einzelteile – wie Zahnräder – werden von Zulieferern gekauft. Außer bei Ferrari (sieben Gänge) kommen überall Sechsgang-Getriebe zum Einsatz.
Automatische und halbautomatische Getriebe sind erlaubt – Ferrari und Williams machen 1991 von dieser Möglichkeit Gebrauch, andere Teams arbeiten daran.

Räder/Reifen

Der Rad-Durchmesser ist auf 26 inch begrenzt. An der Hinterachse wird dieses Maß erreicht, vorn werden kleinere Räder montiert. Abgesehen von Spezialreifen für feuchte oder nasse Fahrbahn, sind die Reifen profillos (Slicks). Neben diversen Gummi-Mischungen für die unterschiedlichen Ansprüche (Asphalt/Temperatur) werden im Qualifying besonders weiche Reifen verwendet. Sie sind extrem kurzlebig, besitzen dafür aber sehr gute Haftungseigenschaften. Die Anzahl der Slicks ist pro Fahrer während der Vorqualifikation auf zwölf, während der Qualifikation auf acht beschränkt.

Benzintank

Die Kapazität der aus Gummi gefertigten Sicherheits-Benzintanks ist freigestellt. Der Tank muß zwischen Motor und Fahrerrücken angeordnet sein. Das erlaubte Höchstalter beträgt fünf Jahre. Es dürfen nur Tanks von durch die FISA autorisierten Firmen verwendet werden.

Seitenkästen

Die außerhalb des Kohlefaser-Monocoques angebrachten Seitenkästen dienen der Unterbringung der Kühler. Aufgrund der aerodynamischen Eigenschaften beeinflussen sie außerdem das Fahrverhalten der Rennwagen.

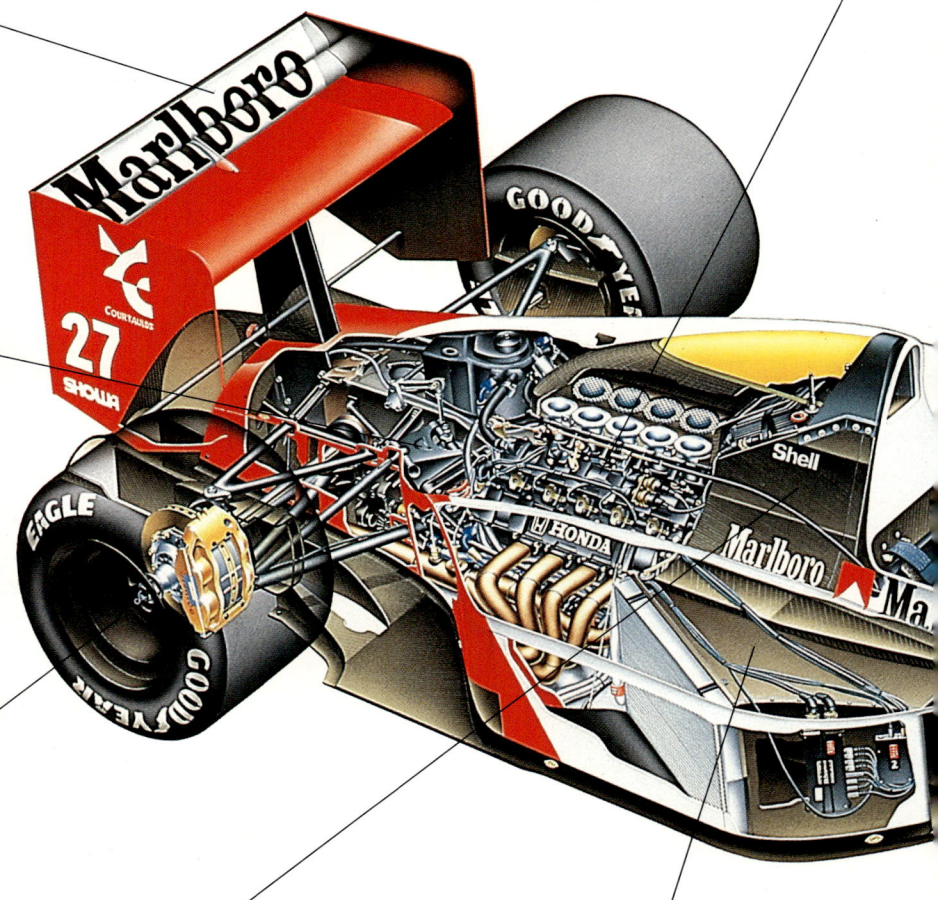

Motor

Das aktuelle Formel 1-Reglement erlaubt Saugmotoren mit maximal 3,5 Litern Hubraum. Die Zylinderzahl ist auf zwölf begrenzt. Zweitakt-, Turbo-, Diesel- und Wankelmotoren sowie Turbinen sind laut Reglement verboten.

Mit einer spezifischen Leistung von mehr als 200 PS pro 1000 ccm Hubraum sind die besten Formel 1-Motoren High-Tech-Produkte der Extraklasse. Zum Vergleich: Derart ausgereizt, müßte ein 1300er VW-Käfer mehr als 260 Pferdestärken entwickeln! Auch die Drehzahlen können sich sehen lassen. Die drehfreudigen Zwölfzylinder kommen auf mehr als 14000 Umdrehungen pro Minute. Auf Vollgas-Kursen steigt der Benzinverbrauch bei solchem Power-Output auf über 70 Liter pro 100 Kilometer.

Gut 150 Kilogramm wiegt ein solches Kraftpaket, das grundsätzlich selbsttragend zwischen Cockpit und Hinterachse eingebaut wird.

Cockpit

Das Cockpit muß so gebaut sein, daß der Pilot sitzend in Fahrtrichtung schaut. So schreibt es die FISA offiziell vor, um möglichen extremen Fahrerpositionen vorzubeugen. Die Cockpit-Öffnung muß einen Ausstieg innerhalb von fünf Sekunden sicherstellen.

Radaufhängung

Selbstverständlich haben alle Formel 1-Rennwagen Einzelrad-Aufhängungen. Die schon in den letzten Jahren eingesetzten „aktiven" Systeme, die sich computergesteuert in Sekundenbruchteilen veränderten Bedingungen anpassen, werden Mitte der Saison 1991 sehr wahrscheinlich wieder auftauchen. Einige Teams führen bereits intensive Tests durch.

Frontspoiler

Um Anpreßdruck für die Vorderachse zu erzeugen und um gleichzeitig die Luftströmung auf der gesamten Wagen-Außenhaut zu optimieren, sind heute alle Formel 1-Autos mit Frontspoilern ausgerüstet. Die Breite darf 1,40 Meter nicht überschreiten. Der maximale Bugüberhang ist auf 1,20 Meter begrenzt.

Die Phantom-Zeichnung zeigt einen McLaren-Honda MP4/5B mit Zehnzylinder-Aggregat. Auf ihm wurde Ayrton Senna 1990 Weltmeister. 1991 stellte Honda für das McLaren-Team Zwölfzylinder-Motoren zur Verfügung (Foto).

Der Arbeitsplatz des Piloten

Nüchtern und zweckmäßig sind in den Cockpits die Bedienungselemente und Kontrolleinrichtungen angeordnet. Das zentrale Instrument ist der Drehzahlmesser. Über ein Display (auf Wunsch „drückt" sich der Pilot die benötigten Werte) sind Öldruck, Wasser- und Öltemperatur, Rundenzeiten und ausstehende Runden ablesbar. Neben dem Knopf für den Sprechfunk, gibt es Hebel zur Verstellung des Spritgemischs, die Zündung, die elektrische Benzinpumpe, die Einstellung des Stabilisators, die Bremsbalance, die Feuerlöscher sowie die rote Heckleuchte, die auf Anweisung der Rennleitung bei schlechten Sichtverhältnissen eingeschaltet werden muß. Bei allen Boliden befindet sich der Schaltknüppel auf der rechten Seite.

Feuerschutz

Um der drohenden Feuergefahr zu begegnen sind in der Formel 1 Sicherheitstanks zwingend vorgeschrieben. Sollten trotzdem Flammen lodern, ist vorgesorgt: Zwei Feuerlöscher (a fünf Kilogramm für das Cockpit und a 2,5 Kilogramm für den Motor) müssen mitgeführt werden. Um sich zu schützen tragen die Piloten flammabweisende Kleidung, die eine Balaclava unter dem Helm einschließt. Der Anschluß einer Atemluftflasche ist freigestellt. Sie kann Leben retten, ist aber nicht unumstritten:

Reißt die feuerfeste Schlauchverbindung zwischen Flasche und Helm, kann der Sauerstoff einem Feuer zusätzlich Nahrung geben.

Natürlich werden Brandherde auch extern bekämpft. Speziell ausgebildete „Fire-Marshals" sind während Training und Rennen rund um die Pisten postiert. Neben dem Einsatz von Löschmitteln haben sie die Möglichkeit, über an den Wagenaußenseiten angebrachte Hebel den Strom-Kreislauf der Autos zu unterbrechen und die Bordfeuerlöscher in Betrieb zu setzen.

◀ *Ayrton Senna streift die Balaclava über*

Feuerwehrmann beim Grand Prix
▼ *von Monaco*

Die Straßenverkehrs-ordnung der Formel 1

Radar beim Grand Prix: Auch auf dem Hockenheim-Ring wird die Geschwindigkeit der Boliden während des Trainings in der Boxengasse überwacht

Auf den ersten Blick scheinen die Grand Prix-Regeln extrem simpel: Über eine Distanz von x Runden fahren die Piloten so schnell wie möglich im Kreis herum, und derjenige, der als Erster ins Ziel kommt, hat gewonnen. Ganz so einfach ist es nicht. So sind zunächst einmal die Baubestimmungen der Rennwagen genau definiert. Das Herzstück dieses Regel-Passus ist der Paragraph, der die Motoren betrifft. Zur Zeit ist der Hubraum der Aggregate auf 3500 Kubikzentimeter begrenzt, dieser darf auf maximal zwölf Zylinder aufgeteilt sein. Ausschließlich Viertakt-Saugmotoren sind erlaubt. Speziell für den Fernsehzuschauer sind das Startprozedere, die Abbruchregeln und die Vielfalt offizieller Flaggensignale von Bedeutung. Dreißig Minuten vor jedem Start wird der Ausgang der Boxengasse für 15 Minuten geöffnet. Während dieser Viertelstunde haben die 26 Teilnehmer Zeit, ihren Startplatz einzunehmen. Wer diese Zeit nicht nutzt, muß aus der Boxengasse als letzter starten, nachdem das Feld vorüber ist.

Bevor das Rennen beginnt, wird eine Formationsrunde absolviert, in der das Tempo durch den Trainingsschnellsten bestimmt wird. Während dieser Formation-Lap herrscht Überholverbot. Jeder, der durch technische Pannen seinen – im Zeittraining erworbenen – Platz in der Startaufstellung verliert, muß sich hinten anschließen. Nach dieser Runde formiert sich das Feld auf dem Startplatz und wird nach einer kurzen Pause durch das Grünlicht der Startampel auf die Reise geschickt. Muß der Start abgebrochen werden, weil einer der Fahrer Probleme signalisiert, wird die Prozedur, beginnend mit einer weiteren Formationsrunde, wiederholt. Die Renndistanz verkürzt sich in diesem Fall automatisch um eine Runde, der Verursacher des Abbruchs muß den letzten Startplatz einnehmen.

Offiziell entscheiden die Funktionäre vor dem Start, ob es sich eventuell um ein Regenrennen handelt. Wenn vor Rennbeginn die Tafeln mit der Aufschrift „wet race" gezeigt werden, gibt es keine Rennunterbrechung, um auf Regenreifen umrüsten zu können. Der Start auf profillosen Slicks ist allerdings durchaus gestattet.

Zwei Gründe erlauben es der Rennleitung, die festgesetzte Distanz nach dem Start zu verkürzen: Jeder Grand Prix kann aus Sicherheitsgründen (nach einem Unfall, oder wegen extrem starken Regens) abgebrochen werden. Sind zum Zeitpunkt des endgültigen Abbruchs weniger als zwei volle Runden zurückgelegt, werden keine Punkte vergeben. Erfolgt der Stopp vor Ablauf von 75 Prozent der Distanz, werden die WM-Punkte halbiert (fünf für den Sieger, etc.) Bei einem Zwangshalt im letzten Rennviertel gibt es bereits die volle Punktzahl. Vor Ablauf der vorgesehenen Rundenzahl wird ohnehin die karierte Ziel-Flagge gezeigt, wenn das Rennen nach 120 Minuten noch nicht zu Ende gefahren ist – so geschehen zum Saisonstart 1991 in Phoenix.

Die sechs erstplazierten Fahrer jedes Grand Prix bekommen Weltmeisterschaftspunkte nach dem System 10-6-4-3-2-1 gutgeschrieben. Diese Regel wird erstmals angewendet, nachdem die Sieger von 1961 bis 1990 „nur" neun Punkte erhalten hatten. Alle während des Verlaufs einer Saison gesammelten WM-Punkte werden addiert. Weltmeister ist derjenige, der die meisten Zähler auf seinem Konto hat. Streichresultate gibt es nicht mehr. Diese Regel ist ebenfalls neu, nachdem zuletzt grundsätzlich für jeden Piloten nur die elf besten Resultate auf Punkterängen berücksichtigt wurden. Erstmals können 1991 auch offizielle Zeitstrafen – bisher ausschließlich wegen Frühstarts verhängt – als Folge unsportlicher Fahrweise ausgesprochen werden. Die Bestimmung sieht vor, daß das Team des betreffenden Fahrers nach Verkündung des Urteils benachrichtigt wird. Der Teamführung bleiben anschließend drei Runden, um den Sünder in die Boxengasse zu signalisieren, wo er mindestens zehn Sekunden „absitzen" muß. Aufgrund dieser Regel ist es nicht notwendig, die Plazierung eines Übeltäters durch Verrechnung der Strafzeit zu bestimmen. Insgesamt umfaßt das Regelwerk der Sporthoheit FISA knapp 70 (!) DIN A4-Seiten. Verbindlich sind die Versionen in französischer und englischer Sprache. Vorgeschrieben werden sogar die kleinsten Details, wie das Lärmverbot während des obligatorischen Fahrer-Briefings am Morgen des Renntages und die Auflage, daß auf dem Siegerpodest neben dem Champagner auch – in Flaschen abgefülltes – Trinkwasser bereitstehen muß. Die Siegerkränze vergangener Tage – auch hierfür gibt es einen Paragraphen – sind nicht aus modischen Gründen verschwunden: Sie wurden schlichtweg verboten, weil sie teuer bezahlte Sponsoren-Sticker auf den Overalls bedecken.

Flaggen-sprache

Während des Rennens können Streckenposten beobachtet werden, die Flaggen unterschiedlicher Farben schwenken. Die Bedeutung der wichtigsten Signale:

Blau = Achtung, ein oder mehrere Wagen folgen dichtauf und wollen überholen

Gelb = Achtung, Gefahr. Zum Bremsen bereithalten, Überholverbot

Grün = Aufhebung einer Gefahrensituation

Rot-gelb gestreift = rutschige Piste (Öl oder Wasser auf der Bahn)

Weiß: Ein langsames Auto befährt die Piste (Hilfsfahrzeug oder defekter Rennwagen)

Rot = Das Rennen ist unterbrochen

Schwarz = In Verbindung mit der Startnummer: Box anfahren

Schwarz/weiß kariert = Rennende.

Fast graziös beendet „Gummi-Mann" Glen Dix im australischen Adelaide die Saison 90

Stichworte

Balestre, Jean-Marie

Der oberste der Oberfunktionäre im französischen und internationalen Automobilsport. Der 70jährige Franzose ist Präsident der FIA, der FISA und der nationalen FSSA.

Bolide

Der Begriff stammt aus dem Griechischen und steht eigentlich für Meteor. Im Autorennsport ist er ein Synonym für PS-starke Rennwagen.

Ecclestone, Bernie

Der Brite ist Chef der FOCA und Vizepräsident der FISA. Was Organisation und Durchführung der Grand Prix betrifft, laufen bei ihm die Fäden zusammen. Der heute 60jährige hat seit den 50er Jahren enge Kontakte zum Rennsport und machte sich zunächst als Besitzer des Teams Brabham einen Namen.

FISA

Unterabteilung des weltweiten Verbundes der nationalen Automobilclubs (FIA), die für den Autorennsport zuständig ist.

FOCA

Vereinigung der Formel 1-Konstrukteure (**F**ormula **O**ne **C**onstructors **A**ssociation).

Gewicht

Das Mindestgewicht der Formel 1-Rennwagen darf 505 Kilogramm nicht unterschreiten.

Maße

Die Gesamtbreite der Wagen (inkl. Reifen) darf 215 cm nicht überschreiten. die maximale Höhe beträgt 100 cm. Freigestellt ist hingegen die Länge, die allerdings durch einen „sinnvollen" Radstand in etwa vorgegeben ist. Sie liegt durchschnittlich bei ungefähr 430 cm. Bug- und Hecküberhang sind auf 100 bzw. 50 cm beschränkt. Aus Sicherheitsgründen, um dem Piloten im Notfall ein schnelles Aussteigen zu ermöglichen, muß die Cockpit-Öffnung mindestens 60 x 45 cm betragen.

ONS

Oberste nationale Sportkommission. Sie übernimmt auf deutscher Ebene jene Aufgaben, die international von der FISA wahrgenommen werden.

parc fermé

Überwachte Zone im Start-und-Ziel-Bereich, in der die Autos nach dem Rennen zu Kontrollzwecken abgestellt werden müssen, bis sie von den Funktionären freigegeben werden.

Pole-Position

Der beste Startplatz, der aufgrund der Leistungen während des Qualifying – wie alle übrigen Startplätze auch – ermittelt wird.

Qualifikation
(auch Qualifying oder Zeittraining)

Zwei einstündige Trainingssitzungen, in deren Verlauf die 26 Startplätze festgelegt werden.

Startnummern

Jeweils für eine Saison als Erkennungscode vergebene Zahlen, die in vorgeschriebenen Größen auf den Autos angebracht werden müssen. Seit Jahren erhält der amtierende Weltmeister die Nummer 1, sein Teamkollege die 2.

Streichresultate

Von der Gesamtzahl der Wertungsläufe wird bei vielen Meisterschaften nur ein Teil für das Schlußklassement berücksichtigt. So zählten noch im Vorjahr in der Formel 1 nur die elf besten Plazierungen in den Punkterängen. Alle darüber hinausgehenden Punktgewinne wurden als Streichresultate bezeichnet. 1991 gibt es im Grand Prix-Sport keine Streichresultate mehr.

Team-Kosten

Konstruktion, Wartung, Transport, Gehälter und Einsatz der Rennwagen verschlingen viel Geld. Mit einer Summe von weniger als zehn Millionen Dollar ist heute kein komplettes Rennjahr zu finanzieren. Spitzen-Teams verfügen über ein Budget von mehr als 60 Millionen Dollar.

Team

Rennstall, der sich aus Management, Fahrern, Technikern, Mechanikern und übrigen Mitarbeitern zusammensetzt. Die personelle Stärke der Teams schwankt zwischen ca. 50 und mehr als 200 Angestellten.

Treibstoff

Erlaubt ist ausschließlich Benzin mit maximal 100 RON und 90 MON. Sauerstoff und Stickstoff dürfen 2,5 bzw. 0,2 Gewichtsprozent nicht überschreiten. Pro Liter sind 0,013 Gramm Blei erlaubt. Nachtanken während des Rennens ist verboten. Seit dem Vorjahr exkaliert der Streit der Chemiker. Sie reizen das Reglement bis an die Grenzen aus. Das Ergebnis sind beachtliche Leistungssteigerungen der Motoren, aber auch umstrittene, übelriechende und hochgiftige

Rauchen verboten: Über 10.000 Liter Sprit werden hinter den Boxen gelagert

Treibstoffe. Für die Saison 1991 wurden schärfere Richtlinien angekündigt.

TV-Kamera

Pro Grand Prix sind meistens vier Autos (von zwei Teams) mit einer Bordkamera ausgerüstet. Bei Fernsehübertragungen kann jederzeit auf eine dieser Kameras umgeschaltet werden. Um die Chancengleichheit zu wahren, müssen alle Konkurrenten mit einem Ballast von fünf Kilogramm starten.

Vorqualifikation
(auch Prequalifying)

Aufgrund der jeweils 16 zurückliegenden Grand Prix-Ergebnisse werden zu Saisonbeginn und zu Saison-Halbzeit 26 Piloten ermittelt, die garantierte Trainingsplätze erhalten. Alle übrigen Fahrer kämpfen am Morgen des ersten Trainingstages 60 Minuten lang im Verlauf der Vorqualifikation um vier weitere Trainingsplätze.

Warm-up

Halbstündiges Informationstraining am Morgen des Renntages, das vier Stunden vor dem Start beendet sein muß, um gegebenenfalls Reparaturen zu ermöglichen.

Wertungspunkte

Ursprünglich wurden die Weltmeisterschaftspunkte nach dem System 8 - 6 - 4 - 3 - 2 für die fünf Erstplazierten vergeben. Zusätzlich erhielt derjenige einen Punkt, der die schnellste Runde des Rennens drehte.

1960 wurde der Zähler für die schnellste Runde gestrichen, dafür Platz sechs mit einem Punkt belohnt. 1961 stockte die CSI (Vorläuferin der FISA) Rang eins auf neun Punkte auf. Eine weitere Aufwertung des Siegers erfolgte im Winter 1990/91: Jetzt erhält der Gewinner zehn WM-Punkte.

In Anschluß an den 91er Grand Prix der USA flammte FISA-intern eine Diskussion auf, die Aufstockung der Siegerpunkte auf zehn Zähler wieder zurückzunehmen.

VOM START WEG EIN RENNER.

Das Cockpit: Sportlich, funktionell, mit Rundinstrumenten im klassischen Roadster-Stil.

Der aktuelle Favorit unzähliger Automobil-Freunde: Ein echter Klassiker.

bei der Fachpresse und vom Start weg eine Nachfrage, die den MX-5 schon heute in den Stand eines Klassikers erhebt.

Mazda ist es gelungen, ein Cabriolet zu konzipieren, das seinen Ansprüchen und seiner Linie in jeder Beziehung treu bleibt. Schon das Design: Keine scharfen Kanten stören die weiche, abgerundete Karosserieform. Raffinierte Details wie die elegant in die Frontpartie integrierten Schlafaugen ziehen die Blicke der Autofreunde auf sich.

Aber, es braucht kaum extra betont zu werden, das eigentliche Vergnügen am echten Roadster beginnt mit dem Umdrehen des Schlüssels im Zündschloß. Über den sportlich-zierlichen Schalthebel und betont kurze Schaltwege lassen sich die Gänge spielerisch leicht einlegen. Die Servolenkung ist so direkt ausgelegt, daß nichts vom Gefühl der Verbundenheit zur Straße verloren geht. Ein ungewöhnliches Fahrwerk verleiht dem MX-5 seine optimale Straßenlage: Einzelradaufhängung mit doppelten

Einzelradaufhängung mit doppelten Querlenkern an Vorder- und Hinterachse – das erstklassige Fahrwerk des Mazda MX-5 macht das Fahren zum puren Vergnügen.

Hieß es nicht immer „they never come back"? Nun, der Mazda MX-5 ist der quicklebendige Gegenbeweis. Der Roadster ist zurückgekehrt! Und damit ein wunderschönes Stück Fahrvergnügen.

Daß Mazda das richtige Angebot ins Rennen geschickt hat, beweist die Reaktion. Verzücken bei den Auto-Enthusiasten, Begeisterung

Und der MX-5 erfüllt alle Erwartungen – mit hoher Funktionalität und Liebe zum Detail. So fallen zum Beispiel die in Chrom eingefaßten klassischen Rundinstrumente sofort angenehm ins Auge.

Querlenkern an Vorder- und Hinterachse. Da darf der Kurs ruhig anspruchsvoller sein – um so größer ist der Fahrspaß. Kein Wunder also, daß der MX-5 für so viele der Favorit der Saison ist.

Mazda Motors (Deutschland) GmbH, Weidenstraße 2, 5090 Leverkusen 1

M. L. & S.

Auf einsamer Pirsch: AGS-Fahrer Stefan Johansson in der Steppe von Sao Paulo. Er konnte sich nicht qualifizieren

Großer Preis von Brasilien

Ayrton Senna

Heimsieg mit letzter Kraft

Drei Tage nach seinem 31. Geburtstag ging für Ayrton Senna ein Herzenswunsch in Erfüllung: Erstmals gewann er auf heimischem Boden. Aber nicht nur aus diesem Grund wird man noch lange an das Rennen zurückdenken, denn leicht wurde dem Champion der für ihn so wichtige Sieg nicht gemacht – er kämpfte und bangte bis ins Ziel

Nur 14 Tage nach dem überzeugenden Auftritt Ayrton Sennas in Phoenix stand das Gastspiel des Formel 1-Zirkus in Interlagos auf dem Programm. Vor den Toren seiner Heimatstadt Sao Paulo galt es für den amtierenden Weltmeister, gleich zwei Gegner zu schlagen: Da waren die Konkurrenten, die in Arizona Revanche angekündigt hatten, und da war eine ungewöhnliche Pechsträhne. Keinen seiner 27 Grand Prix-Siege hatte er vor heimischem Publikum erzielt.

Völlig unverkrampft machte sich der Lokal-Matador an die schwere Aufgabe. Als Senna donnerstags seinen 31. Geburtstag feierte, ließ er sich nicht einmal durch eine Sahnetorte aus der Ruhe bringen, die ihm sein Leibwächter übermütig ins Gesicht drückte. Der Multimillionär reagierte erst dann sauer, als er feststellen mußte, daß ihm im Tumult der fliegenden Kalorien-Bomben ein Couvert mit Freikarten für Verwandte und Freunde stibitzt worden war.

Bei Trainingsbeginn lagen die Ankündigungen der Ferrari- und Williams-Piloten, sich nach der Blamage von Phoenix keinesfalls ein zweites Mal vorführen zu lassen, in der Luft. Schnell wurde deutlich, daß zumindest der britische Rennstall ein Wort bei der Vergabe der zehn Siegerpunkte mitsprechen könnte. Nur unter größten Mühen sicherte sich Senna die Pole-Position, nachdem die Williams-Fahrer Fabelzeiten vorgelegt hatten.

Während die 40.000 einheimischen Senna-Fans den Kraftakt ihres Idols schon wie einen Sieg feierten, packten die Footwork-Mechaniker bereits die Transportkisten für den Rückflug nach Europa. Die aerodynamisch hoffnungslos veralteten Autos waren chancenlos. Weder der Einsatz der Piloten – Michele Alboretos blasenübersähte Hände sprachen für sich – noch der Porsche V12-Motor brachten die Oldies auf Trab. Keineswegs überrascht, aber trotzdem tief enttäuscht, tröstete sich Porsches Projekt-Manager Max Walti mit der Hoffnung auf die neuen Footwork vom Typ FA12. Ab der dritten Runde des WM-Championats in Imola soll das moderne Chassis ein deutlich besseres Ergebnis ermöglichen.

Am Morgen des Renntags meldete Nigel Mansell Ansprüche auf den Sieg an. Im Warm-up setzte der Brite die Maßstäbe, und zugleich versuchte Cheftechniker Patrick Head, der Schwachstelle seiner Autos ein Schnippchen zu schlagen: Mansell und Patrese erhielten ▶

◀ *Nur mit Mühen stemmt Senna die schwere Schampus-Pulle, um sie übermütig zu leeren*

Zum ersten Mal schlängelt sich das Feld durch die Startkurve. In Sekundenbruchteilen einigen sich die Piloten auf die Vorfahrt, während Ayrton Senna bereits am rechten Bildrand entschwindet

Startaufstellung

① Ayrton Senna
McLaren-Honda MP4/6
1.16,392

⑥ Riccardo Patrese
Williams-Renault FW14
1.16,775

⑤ Nigel Mansell
Williams-Renault FW14
1.16,843

② Gerhard Berger
McLaren-Honda MP4/6
1.17,471

㉘ Jean Alesi
Ferrari F1-91
1.17,601

㉗ Alain Prost
Ferrari F1-91
1.17,739

⑳ Nelson Piquet
Benetton-Ford B190B
1.18,577

⑮ Mauricio Gugelmin
Leyton House-Ilmor CG911
1.18,664

④ Stefano Modena
Tyrrell-Honda 020
1.18,847

㉜ Bertrand Gachot
Jordan-Ford 191
1.18,882

㉙ Eric Bernard
Lola-Ford L-91
1.19,291

㉑ Emanuele Pirro
Dallara-Judd BMS191
1.19,305

㉝ Andrea de Cesaris
Jordan-Ford 191
1.19,339

⑲ Roberto Moreno
Benetton-Ford B191B
1.19,360

⑯ Ivan Capelli
Leyton House-Ilmor CG911
1.19,517

③ Satoru Nakajima
Tyrrell-Honda 020
1.19,546

㉚ Aguri Suzuki
Lola-Ford L-91
1.19,832

㉕ Thierry Boutsen
Ligier-Lamborghini JS35
1.19,868

㉒ JJ Lehto
Dallara-Judd BMS191
1.19,954

㉓ Pierluigi Martini
Minardi-Ferrari M191
1.20,175

㉔ Gianni Morbidelli
Minardi-Ferrari M191
1.20,502

⑪ Mika Häkkinen
Lotus-Judd 102B
1.20,611

㉖ Erik Comas
Ligier-Lamborghini JS35
1.21,168

⑰ Gabriele Tarquini
AGS-Ford JH25B
1.21,219

⑧ Mark Blundell
Brabham-Yamaha BT59Y
1.21,230

⑦ Martin Brundle
Brabham-Yamaha BT59Y
1.21,218

Erfolgloser Minardi-Ferrari Zweierpack – Pierluigi Martini vor Gianni Morbidelli

Falsch „programmiert" – Comas' verbrennt seinen Sprit außerhalb des Lamborghini V12

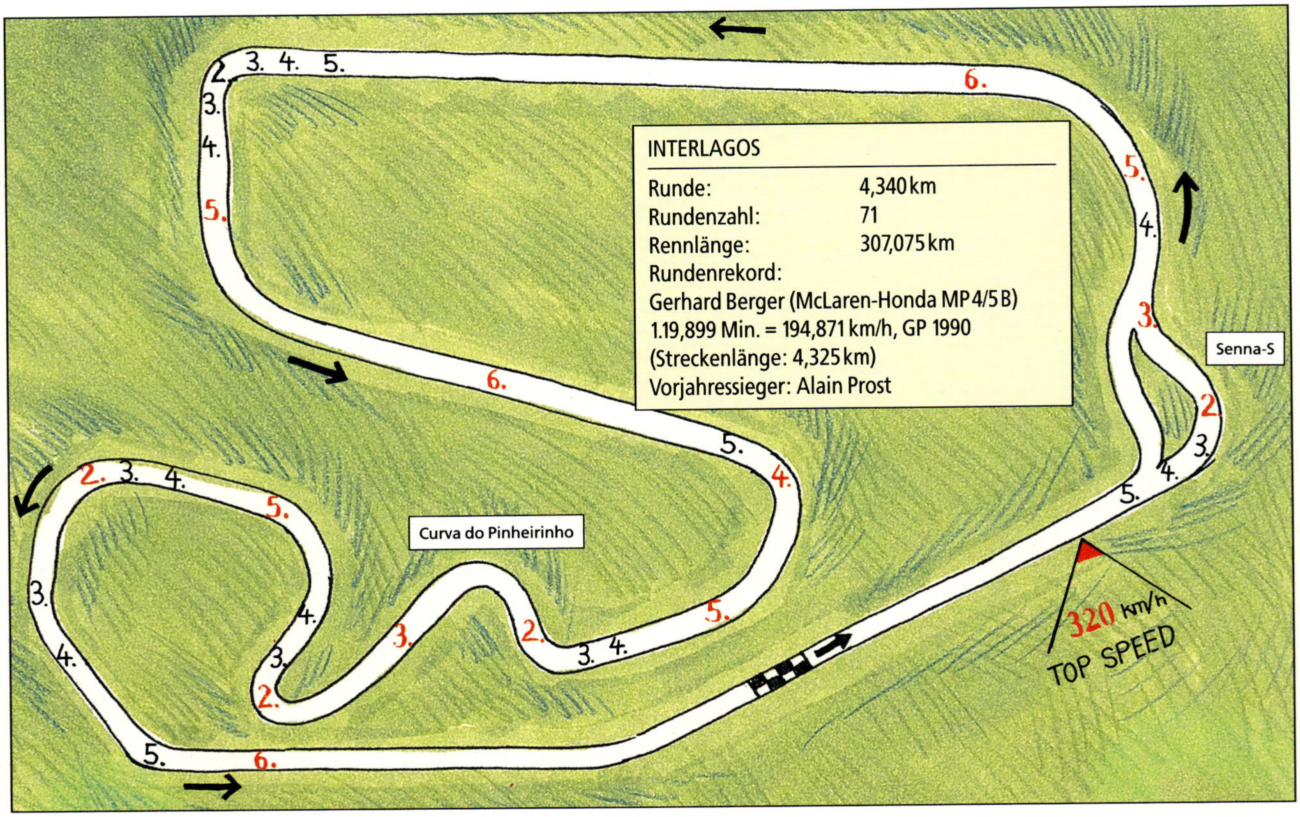

INTERLAGOS

Runde:	4,340 km
Rundenzahl:	71
Rennlänge:	307,075 km

Rundenrekord:
Gerhard Berger (McLaren-Honda MP4/5B)
1.19,899 Min. = 194,871 km/h, GP 1990
(Streckenlänge: 4,325 km)
Vorjahressieger: Alain Prost

Senna-S

Curva do Pinheirinho

320 km/h
TOP SPEED

"schaltfaule" Fünfganggetriebe, um Ausfälle à la Phoenix zu verhindern.

120.000 Zuschauer füllten die Tribünen, als die 26 Boliden ihre Startplätze einnahmen. Obwohl mit Ayrton Senna, Nelson Piquet, Roberto Moreno und Mauricio Gugelmin vier Brasilianer antraten, konzentrierten sich Sprech-Chöre und andere Huldigungen nur auf den Weltmeister. Der Liebling der Massen nutzte den Vorteil der Pole-Position optimal und führte seine 24 Verfolger – Aguri Suzuki konnte wegen eines Benzinpumpen-Defekts gar nicht erst starten – in die erste Runde. Zunächst sprach alles für eine Neuauflage des Senna-Solos von Phoenix. Doch schon während des dritten Umlaufs zeigte Nigel Mansell die Zähne. Diesmal stoppte der Brite den Ausreißversuch des McLaren-Stars. Senna gestand später, daß er in dieser Phase schneller fahren mußte, als ihm lieb war, um die Spitze erfolgreich zu verteidigen. Bis in die 25. Runde kämpften die beiden mit harten Bandagen um die Führung, dann bog der Williams aus dem Windschatten des Spitzenreiters in die Boxengasse ab – der erste Reifensatz hatte seine Schuldigkeit getan. Der Stopp wurde für Mansell zum Desaster. Zwar ratterten die Schlagschrauber nach Plan, und die drillmäßig geübten Handgriffe gelangen sicher, doch dann ließ sich der erste Gang nicht einlegen. Wild heulte der Renault-Zehnzylinder auf, aber das Auto blieb zunächst wie angewurzelt stehen. Erst nach knapp 15 Sekunden setzte Mansell seine Fahrt fort.

Nur eine Runde später holte sich auch Senna vier frische Gummis. Sein McLaren stand nur 6,9 Sekunden lang still – eine Vorentscheidung zu Gunsten des Brasilianers schien gefallen. Doch Mansell steckte nicht auf. Während er mit größtem Einsatz noch einmal den Anschluß an den „Hausherrn" fand, kämpften weiter hinten die Fahrer der Ferrari und Benetton auf verlorenem Posten. Die Ferrari-Ingenieure, so kritisierte Alain Prost nach dem Rennen, müßten sich vor dem Grand Prix von San Marino ernsthafte Gedanken machen. Nelson Piquet forderte hingegen mit Nachdruck den neuen Benetton B 191, der drei Tage nach dem brasilianischen WM-Lauf in London vorgestellt wurde. Hoffnungen auf einen Platz auf dem Siegerpodest durften sich zu diesem Zeitpunkt neben den beiden Duellanten an der Spitze nur Riccardo Patrese und Gerhard Berger machen.

Nigel Mansell, der dem Rennen mit seinen unermüdlichen Attacken auf Senna die eigentliche Würze gab, wurde für seinen Einsatz nicht belohnt. Zum Ende der 50. Runde brauchte er weitere vier neue Pneus, weil der rechte Hinterreifen Luft verlor. Irgendwo draußen auf dem Asphaltband hatte der Engländer einen harten Gegenstand überfahren.

Ein letztes Mal raffte sich Mansell auf, doch auch der dritte Anlauf brachte kein Glück. Das Williams-Getriebe arbeitete nicht mehr ▶

Bis zu seinem ersten Boxenstopp ließ sich Nigel Mansell (5) nicht von Ayrton Senna abhängen. Der Brasilianer mußte alle Reserven wecken, um Platz eins zu halten

Warum so vergrämt? Frank Williams (li.) und Nigel Mansell durften durchaus stolz sein

Neugierig schaut Bertrand Gachot (32) im verregneten Training Lotus-Pilot Julian Bailey nach. Der Brite qualifizierte sich erneut nicht und steht auf der Abschußliste

Geschlagen marschiert Ivan Capelli zurück an die Boxen. Der Motor ließ ihn im Stich

Warten auf Prost – Ferrari-Mechaniker rüsten zum Reifenwechsel. Die vier Pneus liegen bereits unter Heizdecken parat

präzise. Zu Beginn der 60. Runde legte es am Ende der Start-und-Ziel-Geraden dann sogar unaufgefordert den ersten Gang ein! Der Williams mit Startnummer fünf drehte sich, und Mansell blieb nur noch die Aufgabe, einen sicheren „Parkplatz" zu finden.

Ayrton Senna spulte seine Runden nach Mansells Ausfall mit einem beruhigenden Vorsprung von 40 Sekunden auf Patrese ab. Bei nur elf ausstehenden Umläufen war ihm der Sieg eigentlich nicht mehr zu nehmen. Doch überraschend trat das Rennen jetzt in seine dramatischste Phase.

Zum Entsetzen seiner Fans wurde Senna plötzlich erschreckend langsam, und Patrese kam ihm immer näher. Bis zu vier, fünf Sekunden holte der Italiener pro Runde auf! Das machte klar, daß der Brasilianer keineswegs aus taktischen Gründen Gas wegnahm. Vielmehr kämpfte Senna mit einem streikenden Getriebe. Doch anders als bei allen vorangegangenen Rennen in Rio de Janeiro und Sao Paulo hatte der McLaren-Fahrer diesmal Glück: Mit knapp drei Sekunden Vorsprung auf Patrese rettete er sich ins Ziel.

In der Auslaufrunde starb der Honda-Motor des Siegers auf freier Strecke ab. Lange Minuten verstrichen, bevor Senna das Cockpit verließ. „Ich verlor 20 Runden vor Rennende den vierten Gang", berichtete er später. „Acht Runden lagen immer noch vor mir, als sich auch der dritte und der fünfte verabschiedeten." Die letzten Kilometer fuhr Senna ausschließlich im sechsten Gang, was das Absterben des Motors erklärt – ausrollend fiel die Drehzahl in den Keller. Senna blieb so lange im Cockpit sitzen, weil ihn im Moment des Entspannens ein furchtbarer Schmerz durchzuckte: Zu fest hatte er mit der Rechten den Ganghebel in den verbleibenden Positionen festhalten müssen. Die Pein war so groß, daß Senna Mühe hatte, den Siegerpokal zu stemmen. Trotz der Qualen sprach er überglücklich von einem der größten Siege seiner Karriere.

Auch Patreses Williams litt während der Schlußrunden unter einem Getriebedefekt. „Ohne dieses Problem", glaubte ein durchaus zufriedener Zweiter, „hätte es sicher zum Sieg gereicht." Aus dem Kreis der drei Champagner-Versprüher brachte nur Gerhard Berger ein halbwegs intaktes Auto über die Linie. In seinem McLaren klemmte der Gaszug. Das machte seine Fahrt in den feuchten Schlußrunden „unangenehm und gefährlich." Wie alle Piloten – außer Senna – hoffte er bei der Abreise aus Brasilien auf einen glücklicheren Einsatz in Imola. Erst auf der Piste südöstlich Bolognas, so argumentieren Sennas Jäger, werde die Saison „richtig" beginnen. Dann erst, wenn auch die Neukonstruktionen von Benetton, Footwork und Brabham mitmischen, werde sich das wahre Kräfteverhältnis der Saison 1991 abzeichnen. ■

Viele Paolistas wohnen in Hörweite der Piste. Das Häusermeer rückt immer näher

Rennergebnis

Platz	Fahrer	Runden	Zeit	Punkte
1.	Senna	71	1:38.28,128 Stunden Schnitt: 187,110 km/h	10
2.	Patrese	71	2,991 Sekunden zurück	6
3.	Berger	71	5,416 Sekunden zurück	4
4.	Prost	71	19,369 Sekunden zurück	3
5.	Piquet	71	21,960 Sekunden zurück	2
6.	Alesi	71	23,641 Sekunden zurück	1

WM-Punktestand nach dem 2. Lauf

	Fahrer	Gesamtpunkte
1.	Ayrton Senna	20
2.	Alain Prost	9
3.	Riccardo Patrese	6
	Nelson Piquet	6
5.	Gerhard Berger	4
6.	Stefano Modena	3
7.	Saturo Nakajima	2
8.	Jean Alesi	1
	Aguri Suzuki	1

28. Apr. Großer Preis von San Marino

START

Ortszeit

Übertragungsbeginn
RTL plus 13.30 Uhr

Der Name eines Grand Prix verrät nicht zwingend das Austragungsland – so erlaubt es das Formel 1-Reglement ausdrücklich. Der Große Preis der Schweiz wurde zum Beispiel im Jahre 1982 in Frankreich gefahren – die Eidgenossen haben 1955 Autorennen auf Rundstrecken-Kursen verboten.

Ein Grand Prix, seit 1981 im WM-Kalender, wird regelmäßig im Ausland durchgeführt, weil die räumliche Enge des Veranstalterlandes kaum etwas anderes zuläßt: der GP von San Marino. Die Briefmarken-Republik wählte als Exilort für ihre alljährlich sicherlich bedeutendste Sportveranstaltung die traditionsreiche Piste von Imola. 30 Kilometer südöstlich Bolognas liegt das – inzwischen nach dem großen Enzo Ferrari und dessen Sohn Dino benannte – Autodrom in den hügeligen Nordausläufern der Apenninen.

Obwohl drei enge Schikanen den Rhythmus der ansonsten sehr harmonischen und schnellen Bahn schroff unterbrechen, steigerte sich das Durchschnittstempo der Sieger vom ersten WM-Lauf (GP von Italien 1980) bis 1990 von 183,4 auf 202,8 km/h.

Das Layout der Piste stellt an die Ingenieure höchste Ansprüche. Es gilt, einen funktionierenden Kompromiß zwischen den Anforderungen der sehr schnellen und der extrem langsamen Streckenabschnitte zu finden. Es kommt vor allem auf immens belastbare Bremsen und das Ansprechverhalten des Motors an. Wer in Imola siegt, so sagen die Techniker, der hat ein Auto, mit dem man Champion werden kann. Nur selten wurde diese Erkenntnis nicht bestätigt: 1985, als Elio de Angelis auf Lotus gewann – allerdings nur weil McLaren-Pilot Prost disqualifiziert werden mußte – und 1990, als Riccardo Patrese triumphierte. Aber auch der brauchte ein Quentchen Glück.

Bisher wurden nur zehn WM-Läufe als Grand Prix von San Marino ausgetragen. Dennoch gab es darunter bereits eine Veranstaltung, die Formel 1-Geschichte schrieb. So kam es 1982 in Imola aufgrund des damals eskalierten Streits zwischen FISA und FOCA zu einem Streik. Nur 14 Piloten meldeten sich zum Start. Einer mußte dann sogar schon in der Einführungsrunde aufgeben. Es war das letzte Rennen des Meisterfahrers Gilles Villeneuve. Seine damalige Startposition, Platz zwei auf der linken Pistenseite, wird seitdem zur Erinnerung alljährlich symbolisch geschmückt. ■

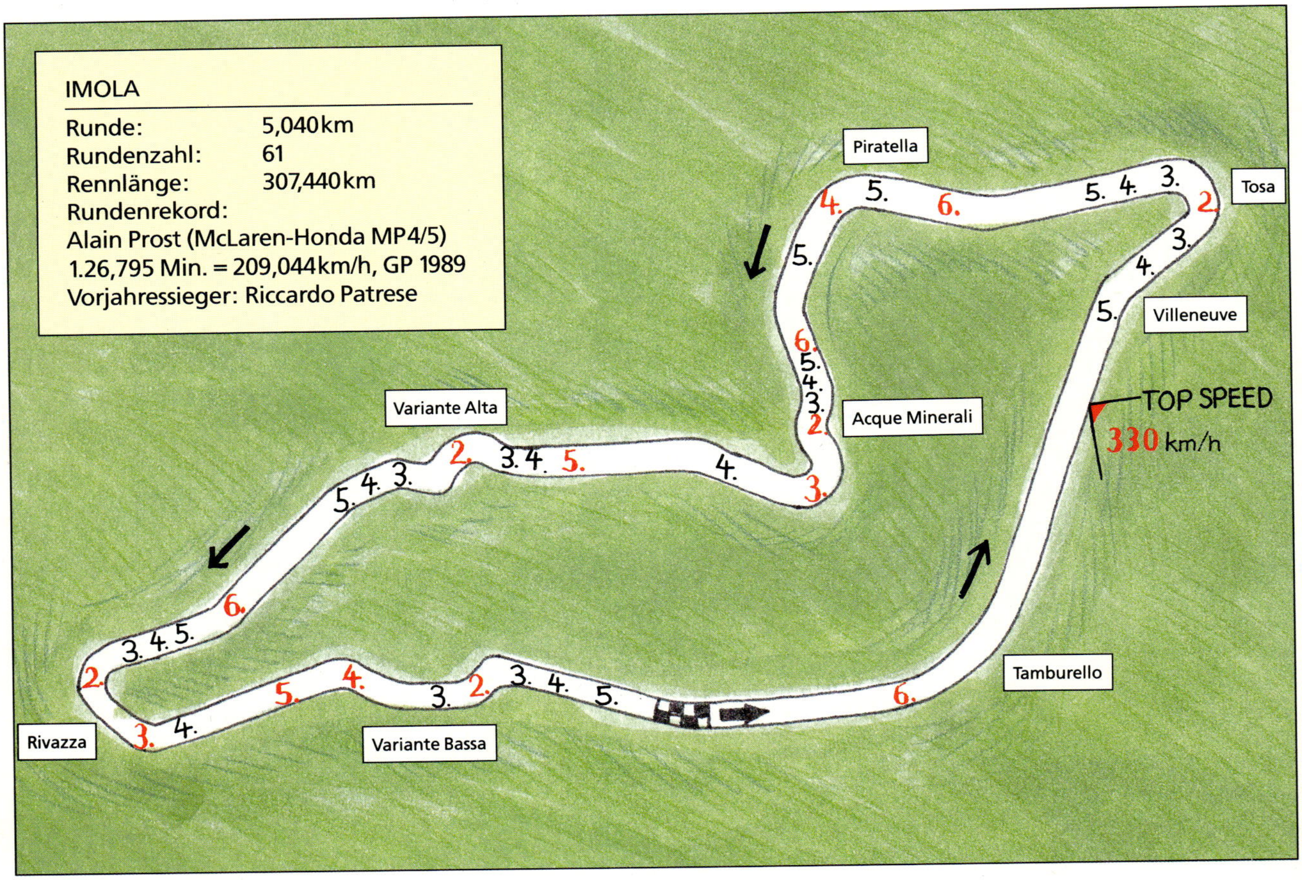

IMOLA

Runde:	5,040km
Rundenzahl:	61
Rennlänge:	307,440km
Rundenrekord:	
Alain Prost (McLaren-Honda MP4/5)	
1.26,795 Min. = 209,044km/h, GP 1989	
Vorjahressieger: Riccardo Patrese	

Piratella

Tosa

Villeneuve

Variante Alta

Acque Minerali

TOP SPEED
330 km/h

Variante Bassa

Tamburello

Rivazza

▲ Das ist nach dem Geschmack der italienischen Zuschauer: Vor dichtbesetzten tobenden Rängen jagt Riccardo Patrese den Tiroler Gerhard Berger durch die Tosa-Kurve. Patrese steht 1990 am Ende des Rennens auf dem Siegerpodest

DIE SCHALTPUNKTE

Grand Prix-Fahrer Gerhard Berger hat auf den Streckenskizzen eingezeichnet, an welchen Stellen er den Gang wechselt. Rote Zahlen benennen den Fahrgang, der über eine längere Distanz eingelegt bleibt. Schwarze Zahlen bedeuten schnelles Hoch- oder Runterschalten.

AKTUALISIEREN SIE IHR BUCH LAUFEND

Das Buch führt Sie durch die Saison 91. Sie können die Ergebnisse der einzelnen WM-Läufe in die Tabellen eintragen und haben dadurch ständig ein brandaktuelles Nachschlagewerk.
Sie können eine Liste mit den Resultaten auch zum Ende der Saison beim Verlag anfordern. Wir schicken sie Ihnen kostenlos zu, wenn Sie einen adressierten und frankierten Rückumschlag beifügen.
ZEITGEIST VERLAG
Rheinallee 119, 4000 Düsseldorf 11

Rennergebnis

	Fahrer	Punkte
1.		10
2.		6
3.		4
4.		3
5.		2
6.		1

WM-Punktestand nach dem 3. Lauf

	Fahrer	Gesamtpunkte		Fahrer	Gesamtpunkte
1.			7.		
2.			8.		
3.			Weitere:		
4.					
5.					
6.					

133

12. Mai

Großer Preis von Monaco

Virage du Portier

Virage Mirabeau

Virage ancienne Gare

Virage Casino

Virage Massenet

Montée du beau Rivage

290 km/h
TOP SPEED

Chicane

Virage du Tabac

Virage la Rascasse

Virage Antony Noghes

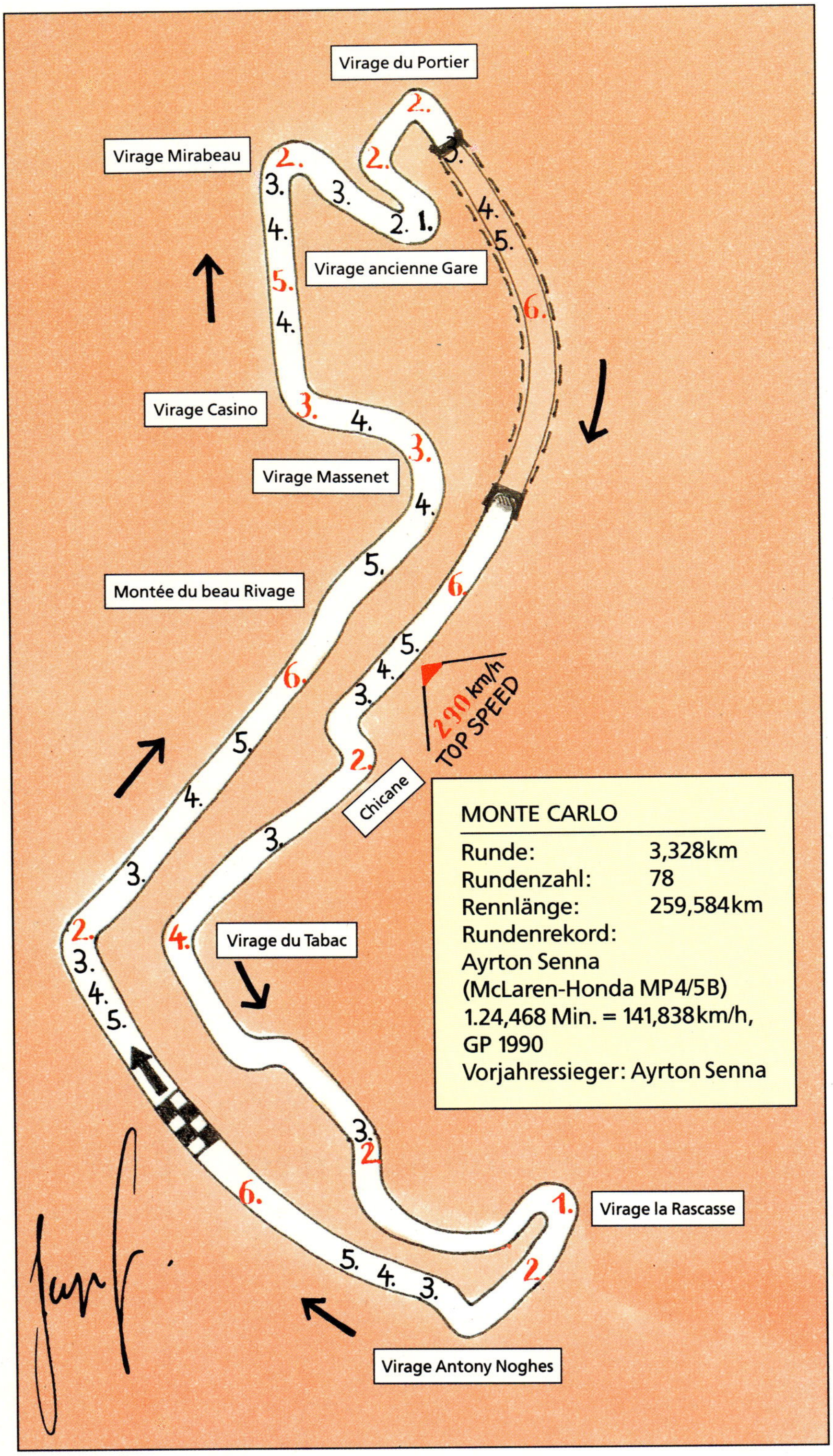

MONTE CARLO

Runde:	3,328 km
Rundenzahl:	78
Rennlänge:	259,584 km

Rundenrekord:
Ayrton Senna
(McLaren-Honda MP4/5B)
1.24,468 Min. = 141,838 km/h,
GP 1990
Vorjahressieger: Ayrton Senna

Er gilt aus sportlicher Perspektive nicht als unumstritten. Dennoch ist der monegassische Stadt-Kurs aufgrund seiner atmosphärischen Reize die Perle unter den Formel 1-Pisten. Sicherheitsbedenken im Interesse der Zuschauer und Rennfahrer zwangen die Veranstalter in den frühen siebziger Jahren zu einer Reihe von Entschärfungen des Streckenverlaufs. Sie fanden mit dem Umbau der weltberühmten Hafenschikane 1986 ihr vorläufiges Ende.

Überholmöglichkeiten gibt es deshalb in Monte Carlo praktisch nicht mehr. Selbst bei Überrundungen muß der „langsame" Vordermann kooperieren, wenn sie gelingen sollen. Damit fehlt dem Klassiker – hier werden seit 1929 Rennen gefahren – die eigentliche Würze. Noch heute wird oft schwärmerisch an den unglaublich spannenden Grand Prix des Jahres 1970 erinnert, als der Lotus-Pilot Jochen Rindt eine großartige Aufholjagd fuhr und den Sieg in der allerletzten Kurve sicherstellte. In unseren Tagen wäre ein vergleichbarer Rennverlauf leider nicht mehr denkbar.

Wer in Monaco gewinnen will, muß die Weichen für den Sieg bereits im Training stellen – donnerstags und samstags müssen die Gegner im Kampf gegen die Uhr „überholt" werden. Wer am Renntag um 15.30 Uhr, der traditionellen Startzeit, zuviele Konkurrenten vor sich hat, der kann nur noch auf Ausfälle seiner Vorderleute oder Regen hoffen. Denn wenn der Asphalt naß ist, ergeben sich durchaus Situationen, in denen man sich am Gegner vorbeiquetschen kann.

Stilisten mit Stehvermögen haben in Monaco die größten Chancen, denn der Kurs verlangt äußerste Präzision und Kondition – 2500 Kupplungstritte und nahezu ständiges Lenkradkurbeln im Verlauf von knapp zwei Stunden kosten viel Kraft.

Wenn das Rennen trotz der beschriebenen Nachteile bei den Zuschauern so hoch im Kurs steht, so liegt dies zum einen an der großartigen Kulisse. Zum anderen aber auch daran, daß die Virtuosität der Stars nirgendwo deutlicher wird als in dem Leitplanken-Kanal des kleinen Fürstentums. Ex-Formel 1-Fahrer Eddie Cheever beschrieb die dort verlangten Qualitäten einmal treffend: „Es ist, als müßtest du mit einem Hubschrauber durch dein Wohnzimmer fliegen." ■

Eine Schlüsselszene in Monaco: Die erste Rechtskurve nach Start und Ziel muß optimal gefahren werden, um viel Schwung für die anschließende Casino-Steigung zu haben. Die Anwohner genießen den besten Überblick.

Thierry Boutsen im Halbdunkel des Tunnels - wehe, in dieser kritischen Passage stellt sich ein Bolide quer...

Rennergebnis

	Fahrer	Punkte
1.		10
2.		6
3.		4
4.		3
5.		2
6.		1

WM-Punktestand nach dem 4. Lauf

	Fahrer	Gesamtpunkte		Fahrer	Gesamtpunkte
1.			7.		
2.			8.		
3.			9.		
4.			10.		
5.			Weitere:		
6.					

Großer Preis von Kanada

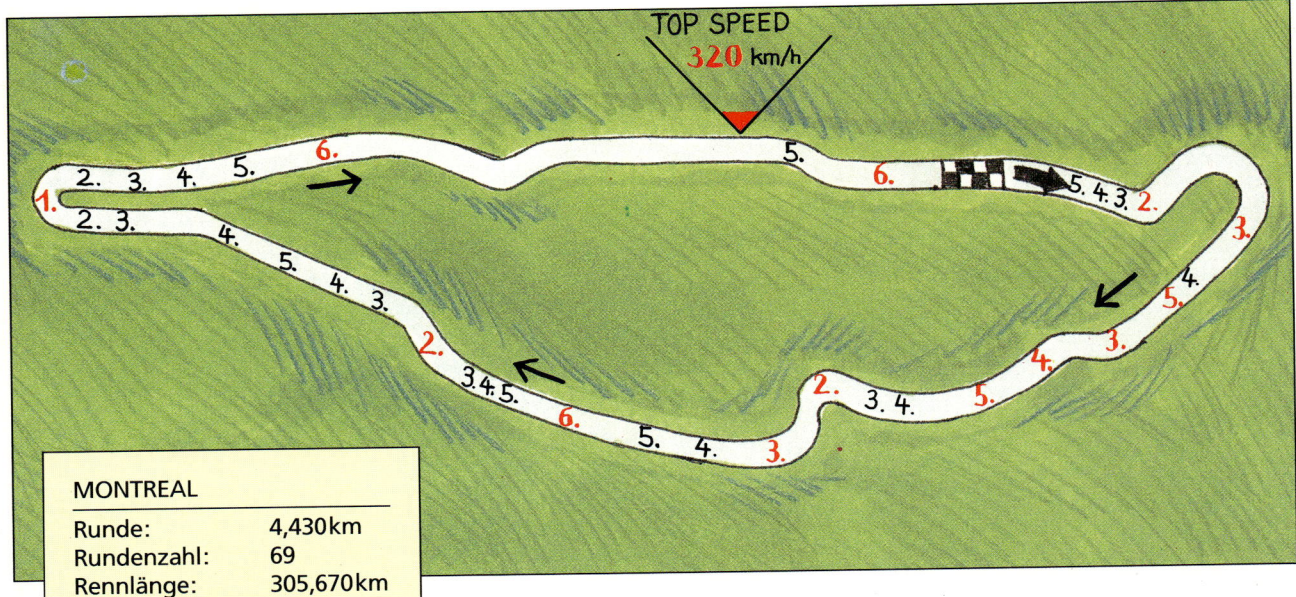

TOP SPEED
320 km/h

MONTREAL

Runde:	4,430 km
Rundenzahl:	69
Rennlänge:	305,670 km
Rundenrekord:	
Gerhard Berger	
(McLaren-Honda MP4/5B)	
1.22,077 Min. = 192,551 km/h,	
(Streckenlänge: 4,390 km)	
GP 1990	
Vorjahressieger: Ayrton Senna	

Die kurvenreiche Streckenführung der nach Gilles Villeneuve benannten Piste erlaubt den Piloten keinen Blick auf die futuristische Architektur. Die Kugel im Hintergrund stammt noch aus den Tagen der Weltausstellung im Jahr 1967

"S top-and-Go-Verkehr", wie downtown der nahegelegenen Metropole Montreal, wird auf dem Circuit Gilles Villeneuve verlangt: Immer wieder erfordern extreme Kurven nach schnellen Passagen ein starkes Herunterschalten. Zwangsläufig zählt die kanadische Rennstrecke zu denen, die die Motoren „durstig" machen. Daß der Grand Prix traditionell von Bierbrauereien gesponsort wird, ist allerdings rein zufällig...

FISA-Sicherheitschef Roland Bruynseraede hat alljährlich Bauchschmerzen, wenn's ins Franco-Kanadische geht: Die Marshals und übrigen Helfer interpretieren ihren Job nicht nach den Vorstellungen des Belgiers. 1989 unterzogen sie die Bahn unmittelbar vor Beginn des Prequalifying einer Naßreinigung. 1990 verzichteten sie auf den künstlichen Regen, waren aber auch nicht bereit, die Besen zu schwingen. Der Belag war so schmutzig, daß die rutschenden Autos lange Staubfahnen hinter sich herzogen – Paris-Dakar ließ grüßen. Kopflose Flaggen-

und Streckenposten rundeten Bruynseraedes schlechten Eindruck an beiden Trainingstagen und im Rennen ab.

Nachdem zuvor in Mosport (achtmal) und Mont Tremblant (zweimal) gefahren wurde, fand der kanadische Grand Prix-Kurs 1978 auf der Insel Notre Dame im St. Lawrence-River seine dritte Heimat. Ein Dutzend WM-Läufe (1987 fiel das Rennen aus, weil sich zwei konkurrierende Brauereien nicht über die Sponsorrechte einigen konnten) wurde seitdem nahe der olympischen Ruderregatta-Strecke des Jahres 1976 ausgetragen. Gleich neun Piloten – vom „Giganten" Gilles Villeneuve bis hin zu Ayrton Superstar – trugen sich in die Siegerlisten ein.

Die Vielzahl der Gewinner mag ein Beweis für die kniffflige Streckenführung sein. Zudem öffnet das unberechenbare Juni-Wetter der Provinz Quebec dem Zufall Tür und Tor. Regenschauer aus tiefhängenden Wolken – die die nahe Skyline Montreals verschwinden lassen – sind in jüngster Vergangenheit zum Markenzeichen des Rennens geworden. „Spa der westlichen Hemisphäre" nennen wasserscheue Spötter die Rennstrecke in Erinnerung an die naßkalten Ardennen-Sommer. ∎

▲ Einmalige Lage in Sichtweite der
Drei-Millionen-Stadt Montreal: der Grand Prix
von Kanada wird seit 1978 auf der Insel Notre
Dame im St.-Lawrence-River ausgetragen

Rennergebnis

	Fahrer	Punkte
1.		10
2.		6
3.		4
4.		3
5.		2
6.		1

WM-Punktestand nach dem 5. Lauf

	Fahrer	Gesamtpunkte		Fahrer	Gesamtpunkte
1.			9.		
2.			10.		
3.			Weitere:		
4.					
5.					
6.					
7.					
8.					

Großer Preis von Mexiko

START

Ortszeit

Übertragungsbeginn
RTL plus 21.30 Uhr

Gut 2000 Meter über dem Meeresspiegel gelegen, stellt die mexikanische Grand Prix-Strecke ganz besondere Anforderungen: Die dünne Höhenluft reduziert die PS-Leistung und macht zudem die aerodynamischen Hilfsmittel weniger effektiv. Die großen Teams leisten sich den Luxus, die Motoren bereits während der Vorbereitungsphase in Unterdruckkammern auf die sauerstoffarme Kost abzustimmen, die zwischen 15 und 20 Prozent der gewohnten Power schluckt. Die Chassis-Techniker hingegen verordnen vor Ort weitaus mehr Flügel, als man bei der Streckenführung vermuten möchte.

Die Veranstaltung ist bei den Aktiven wegen des welligen Asphalts und der latenten Gefahr, ein Opfer der „Rache Montezumas" zu werden, wenig beliebt. Dennoch bietet die Strecke die Voraussetzungen für besten Sport. Dank der scheinbar endlos langen Startgeraden kann sich in Mexiko niemand über mangelnde Überholmöglichkeiten beschweren.

Was im Autodromo Pedro y Ricardo Rodriguez möglich ist, zeigte erst im vergangenen Jahr Alain Prost, der das Rennen vom 13.(!) Startplatz aus gewann.

Mit der Peralta, der leicht überhöhten 180-Grad-Kehre vor den Boxen, wird den Zuschauern zudem eine der letzten „großen Kurven" des Grand Prix-Sports geboten. Um den Fliehkräften, die mehr als vier g betragen, aufrechten Hauptes zu begegnen, stabilisieren die meisten Piloten ihren Kopf: Eine am Helm befestigte Schlaufe, die unter der rechten Achselhöhle durchgezogen wird, entlastet die Nackenmuskulatur.

Einer der Namensgeber der Piste, der Mexikaner Ricardo Rodriguez, verunglückte ausgangs der Peralta im Herbst 1962 tödlich. Sein älterer Bruder Pedro starb neun Jahre später auf dem Norisring. An beide Rennfahrer erinnert heute ein Denkmal am Ende der ungewöhnlich breiten Boxengasse.

Von 1971 bis 1985 wurde die Rennstrecke nicht im WM-Kalender berücksichtigt. Die Zuschauer hatten eine zu saloppe Einstellung zum Thema Sicherheit. Erinnerungen an die schlechte alte Zeit wurden wach, als sich 1990 während des Trainings der Hund eines Fans unter die Boliden mischte... ∎

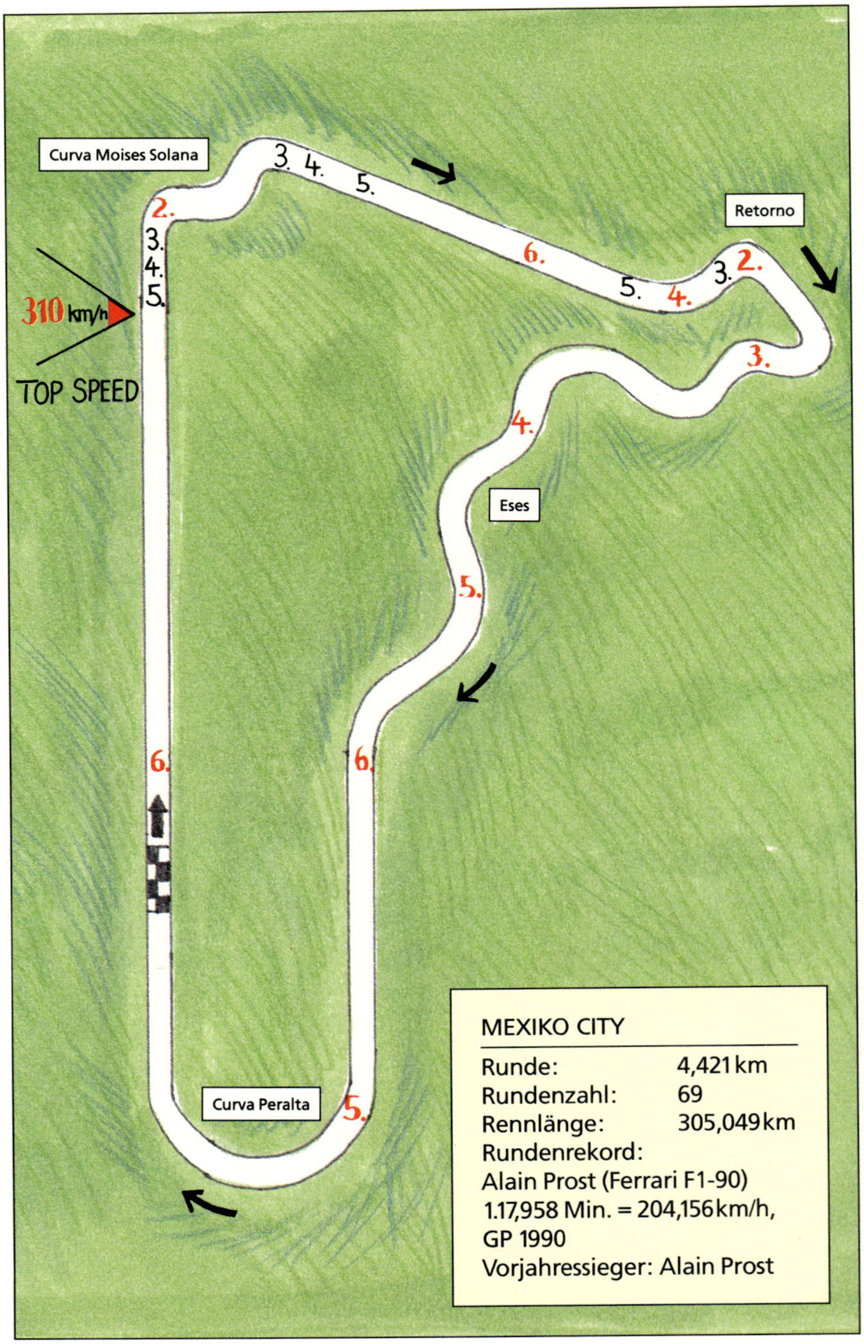

Curva Moises Solana

3. 4. 5.

2.
3.
4.
5.

310 km/h

TOP SPEED

Retorno

6.
5. 4. 3. 2.

3.

4.

Eses

5.

6.

6.

Curva Peralta

5.

MEXIKO CITY	
Runde:	4,421 km
Rundenzahl:	69
Rennlänge:	305,049 km
Rundenrekord:	
Alain Prost (Ferrari F1-90)	
1.17,958 Min. = 204,156 km/h,	
GP 1990	
Vorjahressieger: Alain Prost	

Gegensätze: Während sich rechts der mexikanische Berufsverkehr staut, geben Gugelmin und Senna in der Peralta-Kurve Vollgas

Nützliches Grün: die Palmzweige werden vor dem Start als Besen genutzt

Rennergebnis

	Fahrer	Punkte
1.		10
2.		6
3.		4
4.		3
5.		2
6.		1

WM-Punktestand nach dem 6. Lauf

	Fahrer	Gesamtpunkte		Fahrer	Gesamtpunkte
1.			9.		
2.			10.		
3.			Weitere:		
4.					
5.					
6.					
7.					
8.					

7.
Juli

Großer Preis von Frankreich

START

Ortszeit

Übertragungsbeginn
• RTL plus 13.30 Uhr

Frankreich ist das Land mit der zweitgrößten Zahl an Grand Prix-Ausrichtungen. Nur die USA können mehr Rennen in die Bilanz einbringen. Allerdings wurden dort auch jahrelang in jeder Saison zwei Grand Prix veranstaltet.

Sechs verschiedene Pisten wurden seit 1950 in Frankreich erprobt. In diesem Jahr wird mit der ehemaligen Formel 3-Strecke von Magny-Cours wieder einmal Neuland betreten.

Welche Herausforderung das von 3,8 auf 4,2 Kilometer verlängerte Asphaltband für die Formel 1 darstellt, und ob der Umzug von Le Castellet tatsächlich eine Verbesserung bedeutet, wird frühestens am 14./15. Mai bekannt. Dann hält die FOCA zwei Testtage auf Ligiers Hausstrecke ab.

Fest steht bisher nur, daß die Bahn auf engstem Raum untergebracht ist – ein sicherlich zuschauerfreundlicher Umstand, der zudem eine kurvenreiche Streckenführung verlangt. Die Skizze des Kurses verrät deutlich, daß Bremsen und Getriebe der Rennwagen besonders strapaziert werden. Auch die Reifengummis dürften kein leichtes Leben haben. Allerdings lagen bei Redaktionsschluß noch keine Angaben über den Pistenbelag vor, der möglicherweise Pneu-schonend gemixt wurde. Schon jetzt ist auch abzusehen, daß der Kurs den Sponsoren gefallen wird: Sie können zwar im dünnbesiedelten Umland ihre Gäste nur unter größten Schwierigkeiten beherbergen. Aber in Magny-Cours wird sicherlich mit „viel Flügel" gefahren – die Schriftzüge auf den Heckflossen werden gut lesbar sein...

1984, im letzten Jahr der F3-Europameisterschaft, siegte in Magny-Cours ein junger Italiener mit Namen Ivan Capelli. Als Leyton House-Pilot ist Capelli auch jetzt beim Formel 1-Debut im Loire-Tal mit von der Partie.

Noch ist nicht ersichtlich, warum die FISA mit Hilfe politischen Drucks in Le Castellet die Zelte abbruch. Aber vielleicht zeigt die Zukunft, daß mit Magny-Cours ein weiteres erfolgreiches Kapitel der ruhmreichen französischen Grand Prix-Geschichte aufgeschlagen wird. ■

SCHALTPUNKTE
Die Strecke ist neu. Gerhard Berger konnte deshalb noch keine Schaltpunkte eintragen.

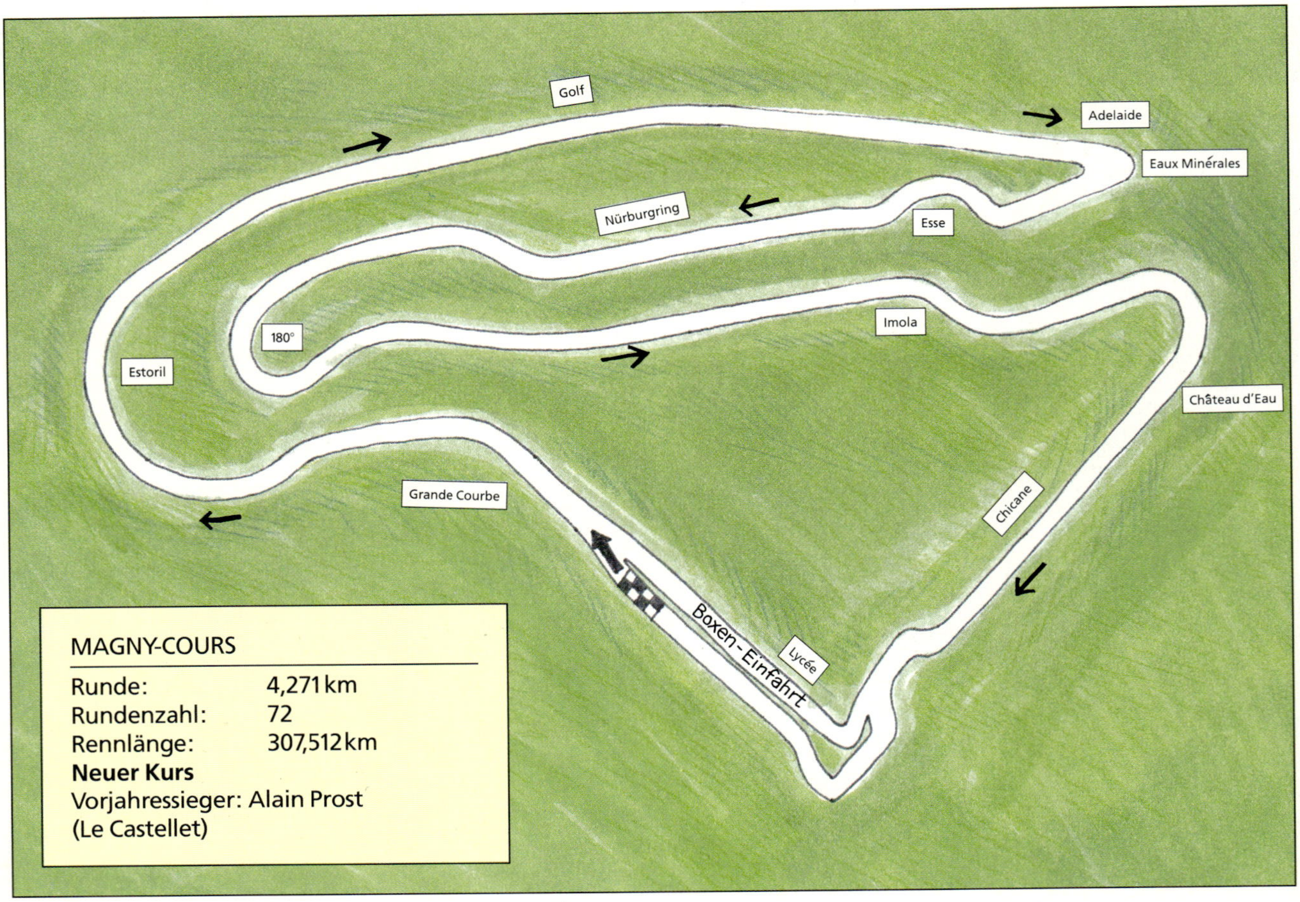

Golf
Adelaide
Eaux Minérales
Nürburgring
Esse
Imola
180°
Estoril
Château d'Eau
Grande Courbe
Chicane
Boxen-Einfahrt
Lycée

MAGNY-COURS

Runde:	4,271 km
Rundenzahl:	72
Rennlänge:	307,512 km
Neuer Kurs	
Vorjahressieger: Alain Prost	
(Le Castellet)	

Le Castellet 1989 – der spektakuläre Flug des Mauricio Gugelmin ließ den Atem der Zuschauer stocken. Gugelmin entkam ohne jeden Kratzer und drehte nach dem notwendigen Neustart im Ersatzwagen die schnellste Runde des Rennens

Rennergebnis

	Fahrer	Punkte
1.		10
2.		6
3.		4
4.		3
5.		2
6.		1

WM-Punktestand nach dem 7. Lauf

	Fahrer	Gesamtpunkte			Fahrer	Gesamtpunkte
1.				9.		
2.				10.		
3.				11.		
4.				12.		
5.				Weitere:		
6.						
7.						
8.						

14.
Juli

Großer Preis von England

START
Ortszeit
Übertragungsbeginn
RTL plus 14.30 Uhr

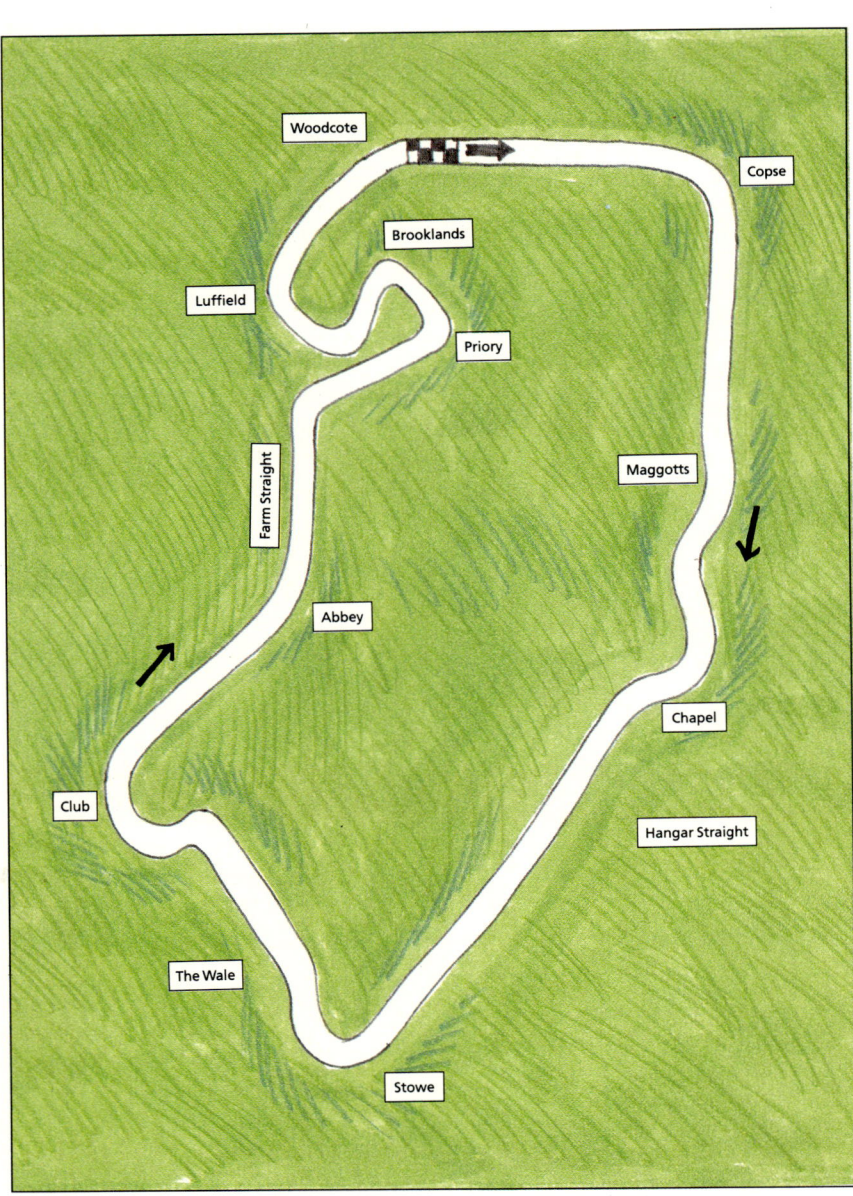

Woodcote · Copse · Brooklands · Luffield · Priory · Farm Straight · Maggotts · Abbey · Chapel · Club · Hangar Straight · The Wale · Stowe

SILVERSTONE

Runde:	5,153 km
Rundenzahl:	60
Rennlänge:	309,180 km
Völlig umgebauter Kurs	
Vorjahressieger: Alain Prost	

Es mag wie ein Witz klingen, aber auf der Flugplatzpiste von Silverstone müssen sich die Formel 1-Fahrer in dieser Saison völlig neu orientieren. Dabei ist der Kurs, 1950 Schauplatz des ersten aller F1-WM-Läufe, eine der traditionsreichsten Manegen des Grand Prix-Zirkus. 24mal wurden nahe des kleinen Dörfchens Silverstone bei Northampton Punkte für das Fahrer-Championat vergeben. 1975 hat man mit Woodcote-Corner die großartigste Herausforderung ausrangiert und durch eine Schikane im Micky-Mouse-Stil ersetzt. Der klassische Woodcote-Corner-Highspeed-Spin, ungewollte, haarsträubende Attraktion vieler vorausgegangener Rennen, konnte nicht länger geduldet werden. Ständig steigende Geschwindigkeiten ließen einen Woodcote-GAU befürchten.

Doch der Rest der 4,7 Kilometer langen Piste blieb praktisch unberührt. Dr. Nino Farina, Weltmeister von 1950, hätte ihn wiedererkannt. 1991 aber ist alles anders – fast alles. Copse-Corner, wo Graham Hill seinen BRM 1960 auf Platz eins liegend in den Graben fuhr, blieb noch erhalten, doch Maggotts, Becketts, Chapel, Stowe und die Anfahrt nach Woodcote bekamen ein völlig neues Gesicht. Auf der bisher topfebenen Bahn müssen jetzt sogar leichte Steigungen und Gefälle gefahren werden. Melonen-tragende Traditionalisten mögen einen Zusammenhang mit der Tunnelanbindung zum Kontinent wittern, wenn sie feststellen müssen: Silverstone ist nicht mehr Silverstone.

Auch wenn damit ein Stück bester Motorsport-Historie gestorben ist, muß der „zeitgemäß renovierte" Kurs nicht schlechter sein als der alte. Sicherlich steigen die Rundenzeiten gewaltig an – wegen neuer, enger Kurven und einer Verlängerung um 373 Meter. Der Abschied von der Hochgeschwindigkeitspiste, auf der fast jede Kurve „flat out" ging, bedeutet aber auch: unter den Siegfaktoren wird das fahrerische Können an Bedeutung gewinnen. ■

Durchschnittlich werden pro Fahrer 80 Reifen ▸ an die Rennstrecke gekarrt, um den Wünschen der Piloten und Ingenieure gerecht zu werden. Während Vorqualifikation und Qualifikation darf allerdings nicht aus dem vollen geschöpft werden. Mehr als zwölf bzw. acht Gummiwalzen sind pro Sitzung nicht erlaubt – es sei denn, es regnet

▲ *Woodcote Corner war jahrelang das riskanteste Eck des Grand-Prix-Zirkus'. Dann drosselten Bremskurven die Anfahrt. Nach dem großen Umbau 1990/91 dürfte die Passage wieder etwas schneller werden*

Rennergebnis

	Fahrer	Punkte
1.		10
2.		6
3.		4
4.		3
5.		2
6.		1

WM-Punktestand nach dem 8. Lauf

	Fahrer	Gesamtpunkte		Fahrer	Gesamtpunkte
1.			9.		
2.			10.		
3.			11.		
4.			12.		
5.			Weitere:		
6.					
7.					
8.					

28. Juli

Großer Preis von Deutschland

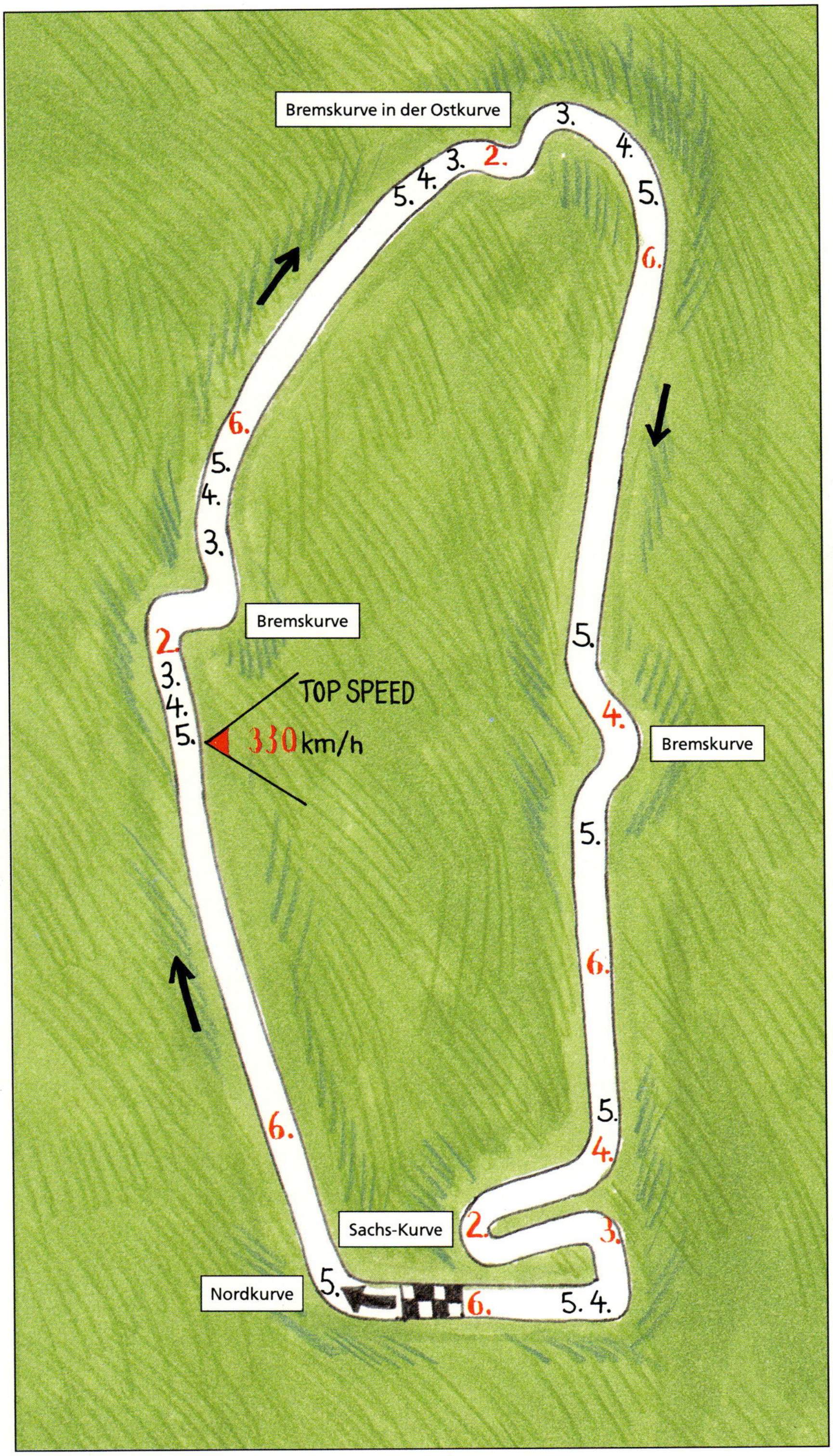

HOCKENHEIM

Runde:	6,802 km
Rundenzahl:	45
Rennlänge:	306,090 km

Rundenrekord:
Thierry Boutsen
(Williams-Renault FW 13 B)
1.45,602 Min. = 231,882 km/h,
GP 1990
Vorjahressieger: Ayrton Senna

Dichtbesetzte Ränge im Motodrom. Die Athmosphäre ist einmalig und stimulierend für die Piloten. Trotz des Formel 1-gerechten Neubaus des Nürburgrings, hat der Große Preis von Deutschland seit Jahren seine neue Heimat in Hockenheim gefunden ▼

Bremskurve in der Ostkurve

3.

2.

5. 4. 3.

4.

5.

6.

6.

5.

4.

3.

Bremskurve

2.

3.

4.

5.

TOP SPEED

330 km/h

5.

4.

Bremskurve

5.

6.

6.

5.

4.

6.

Sachs-Kurve

2.

3.

Nordkurve

5.

6.

5. 4.

144

Seine Geschichte geht zurück bis in die dreißiger Jahre. Aber sein heutiges Gesicht erhielt der Kurs erst vor gut 25 Jahren durch Umbauten. Langgezogene Geraden, das zuschauerfreundliche Kurvengeschlängel im Motodrom, eine echte „Schlüsselkurve" und instinktlos konzipierte Schikanen – das sind die auffälligen Merkmale des Hockenheimrings. Noch in den sechziger Jahren wurde die Piste von den Spitzenpiloten wegen der simplen Streckenführung belächelt. Nach ihrer Modernisierung kam sie 1970 und dann ab 1977 mit nur einer Unterbrechung (1985) in die Rolle des Gastgebers des deutschen Grand Prix.

Trotz des zeitraubenden Motodroms zählt die badische Piste zu den extrem schnellen Rennstrecken. Bei trockenem Asphalt muß ein Schnitt von deutlich mehr als 220 km/h gefahren werden, wenn man die Schachbrett-Flagge als erster sehen will.

Die besten Siegchancen haben Fahrer von stark motorisierten Autos, die perfekt ausbalanciert sind. Die Aerodynamik muß so abgestimmt werden, daß sie auf den schnellen Abschnitten nicht als „Luftbremse" wirkt. Das Motodrom und die Schikanen verlangen andererseits soviel Flügel, daß genügend Anpreßdruck erzeugt wird. ▶

„Im Namen der Dose":
Gerhard Berger mit gut
170 km/h auf dem
Verbindungsstück
zwischen der
Sachskurve und der
„Doppelrechts" vor
Start und Ziel

Rennergebnis

	Fahrer	Punkte
1.		10
2.		6
3.		4
4.		3
5.		2
6.		1

WM-Punktestand nach dem 9. Lauf

	Fahrer	Gesamtpunkte		Fahrer	Gesamtpunkte
1.			9.		
2.			10.		
3.			11.		
4.			12.		
5.			Weitere:		
6.					
7.					
8.					

Besondere Bedeutung kommt der Nordkurve am Ende der Startgeraden zu. Sie – nach Alain Prosts Aussage „keineswegs ungefährlich" – muß optimal gefahren werden, denn das Kurvenausgangstempo beeinflußt die Geschwindigkeit auf dem anschließenden schnellsten Streckenteil entscheidend.

Bei den Piloten ist die Anlage wegen der wohl weltweit einmaligen Atmosphäre im Motodrom sehr geschätzt. Die „künstlichen" Bremsschikanen Nr.1 und Nr.2 gelten hingegen in Fahrerkreisen als kritische Passagen - viele wünschen sich einen Umbau, der eine flüssigere Fahrweise erlaubt.

Auffallend ist ein statistisches Detail: Seit 1980 – damals siegte Jacques Laffite auf Ligier – ist die Bahn voll in Händen Frankreichs und Brasiliens: Ausschließlich Fahrer dieser Nationen triumphierten in Hockenheim! Wohl nie kamen die Zuschauer in dieser Zeit mehr auf ihre Kosten als 1986. Vor fünf Jahren wechselte die Spitze während des Rennens gleich siebenmal. Und Alain Prost verlor in den letzten Sekunden noch den sicher geglaubten dritten Rang, weil sein McLaren buchstäblich wenige Meter vor dem Zielstrich mit leerem Tank stehenblieb. ■

▲ Alex Caffi räubert über die Kerbs der Ostkurven-Schikane, und für Sekundenbruchteile verlieren beide Vorderräder des Arrows den Bodenkontakt

Wildes Gedränge an der Einfahrt zum Motodrom: Gugelmin (vorn), Alliot, Larini und Martini im verbissenen Trainingsgerangel um die besten Startplätze ▶

Der Name der Dose. Mobil 1.

Warum Mobil 1 das meistverkaufte vollsynthetische Motorenöl weltweit ist, hat sicherlich viele Gründe. Warum dieser Hochleistungs-Schmierstoff auch Ihren Anforderungen entspricht, erfahren Sie am besten auf direktem Weg. In guten Fachwerkstätten, im Kfz-Zubehörhandel oder an **Aral**-Tankstellen.

Großer Preis von Ungarn

START Ortszeit
Übertragungsbeginn
RTL plus 13.30 Uhr

Da gibt es nichts zu beschönigen: Auf dem Hungaroring ist das Überholen nahezu ausgeschlossen. Leider. Es muß taktisch gefahren werden, so als würde in Monaco gestartet. Das Training hat geradezu vorentscheidende Bedeutung. Die spektakulären Duelle des Vorjahrs – die reihenweise mit Karambolagen endeten – sind noch in Erinnerung.

Wagenketten, die den Kurs in immer gleicher Reihenfolge umrunden, werden erneut die Szene prägen, aber hoffentlich auch einige Überraschungsangriffe, wie sie Nigel Mansell 1989 so erfolgreich fuhr. 1990 beobachteten die FISA-Funktionäre die Brechstangen-Manöver in Mogyoród, ohne mit Sanktionen auf die Raufbolde zu reagieren. Wiederholen sollen sich die Auto-Scooter-Einlagen jedoch nach

Möglichkeit nicht: Für die sechste Auflage des einzigen osteuropäischen Grand Prix wurde den Verantwortlichen die Order erteilt, bauliche Modifikationen vorzunehmen, die Überholvorgänge künftig erlauben.

Wie das Ziel erreicht werden könnte, das war bei Redaktionsschluß noch ein Geheimnis des greisen FISA-Präsidenten Jean-Marie Balestre. Zum einen fehlte es im Frühjahr immer noch an der originellen Bauidee, zum anderen rollen Bagger und Asphaltierungs-Maschinen nur gegen Forint, und die ungarischen Kassen sind leer. Schon der erste Umbau – das langsame Kurvengeschlängel in der Senke nach Start und Ziel mußte begradigt werden – hatte völlig unerwartet den Aufmarsch der Baugeräte erzwungen.

Bei aller berechtigten Kritik an dem einst

„volkseigenen" Kurs, verdient die Anlage auch Lob. Sie ist sehr harmonisch der leicht hügeligen Landschaft nordöstlich Budapests angepaßt. In den fünf vorangegangenen Jahren lockte sie stets überdurchschnittlich viele Zuschauer an, was den Rennen eine großartige Stimmung verlieh.

Der Schlüssel zum Erfolg kann in Ungarn die Reifenfrage sein. Stopps zum Wechsel der Pneus sind an der Tagesordnung. Wer den Zeitpunkt taktisch geschickt wählt – und an den Boxen von flinken Mechanikern abgefertigt wird –, vergrößert seine Chance gewaltig. Auf diese Weise können Gegner von ihren Plätzen verdrängt werden, ohne sie im direkten Zweikampf attackieren zu müssen. Die Glücksspiel-Komponente ist bei diesem Puszta-Roulette nicht zu übersehen. ∎

Hamburger und Boxershorts – die Epoche des „real existierenden Sozialismus" ist endgültig passé

In eine romantische Hügellandschaft eingebettet, schlängelt sich der Hungaroring durch Wiesen und Wälder. Ohne die Sicherheitsmaßnahmen in den Kurven würde man oft kaum eine Rennstrecke vermuten ▼

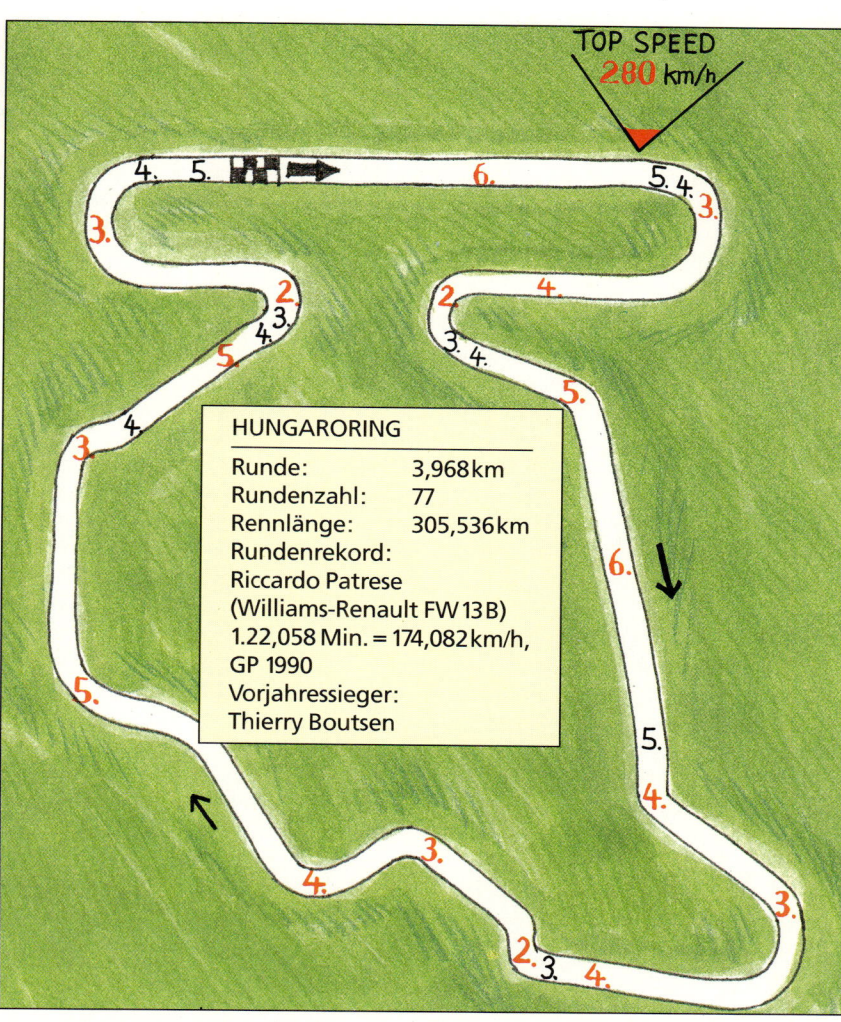

TOP SPEED
280 km/h

HUNGARORING

Runde:	3,968km
Rundenzahl:	77
Rennlänge:	305,536km

Rundenrekord:
Riccardo Patrese
(Williams-Renault FW 13 B)
1.22,058 Min. = 174,082km/h,
GP 1990
Vorjahressieger:
Thierry Boutsen

Rennergebnis

	Fahrer	Punkte
1.		10
2.		6
3.		4
4.		3
5.		2
6.		1

WM-Punktestand nach dem 10. Lauf

	Fahrer	Gesamtpunkte		Fahrer	Gesamtpunkte
1.			9.		
2.			10.		
3.			11.		
4.			12.		
5.			Weitere:		
6.					
7.					
8.					

Großer Preis von Belgien

25. Aug.

START

Ortszeit
Übertragungsbeginn
RTL plus 13.30 Uhr

Wie der Nürburgring, so geriet auch der Circuit von Spa-Francorchamps vor circa 20 Jahren aus Sicherheitsgründen ins Gerede. Die ultra-schnelle Streckenführung, die „die Männer von den Knaben trennt" – so Ex-Champion Denis Hulme –, setzte die Piloten zu großen Gefahren aus. Selbst Graham Hill, sicherlich kein Hasenfuß, glaubte 1958 nach seinen ersten Trainingsrunden in den Ardennen, er habe wohl den falschen Beruf gewählt!

In der Eifel wurde auf Niki Laudas Drängen als Ersatz für die Nordschleife eine völlig neue, bis heute nicht richtig akzeptierte Bahn gebaut. Die Belgier entschieden sich dagegen bei ihrer Strecke in Spa für eine Teillösung. Der alte, seit 1927 befahrene, 14,1 Kilometer lange Kurs wurde auf 6,9 km verkürzt. Dabei konnte man

traditionsreiche Abschnitte (wie La Source oder Eau Rouge) erhalten.

Das Resultat, seit 1983 genutzt, kann sich sehen lassen. In Fahrerkreisen zählt das „Rumpf-Spa" neben Japans Suzuka zum Anspruchsvollsten des Grand Prix-Kalenders. Starke Höhenunterschiede sowie zahlreiche Kurven ungleicher Radien würzen die Piste. Schneid braucht man in Spa, die Komponente „Fahrer" wiegt dort mehr als anderswo. Auf dem technischen Sektor werden in erster Linie die Motoren gefordert. Ausgangs La Source, der Haarnadel am Ende der Startgeraden, geht es – abgesehen von einem Lupfer in der Senke Eau Rouge – mit Vollgas bis zur Rechtskurve Les Combes. Hier müssen die Acht-, Zehn- und Zwölfzylinder ihr Stehvermögen beweisen, zumal die Bahn ein gutes Stück des Weges bergauf führt!

Unberechenbar ist das Sommerwetter in den Ardennen, das den Namen eigentlich nicht verdient. Die Teams müssen sich auf Kälte einstellen, die die Reifen nicht auf Betriebstemperaturen kommen läßt. Auch Regen ist oft angesagt. Vor zwei Jahren gefährdete in den frühen Morgenstunden sogar dichter Nebel die Vorqualifikation. Nur der deutsche Zakspeed-Fahrer Bernd Schneider blieb damals im trüben Licht der bodentiefen Wolken gelassen. Als Sieger des vorangegangenen 24-Stunden-Rennens für Tourenwagen war ihm jeder Winkel vertraut. So erschien ihm ein möglicher Blindflug sogar als Vorteil gegenüber der Konkurrenz. Trotz der widrigen Umstände zählt der belgische Grand Prix für viele Piloten und Zuschauer zu den anerkannten Leckerbissen jeder Saison. ■

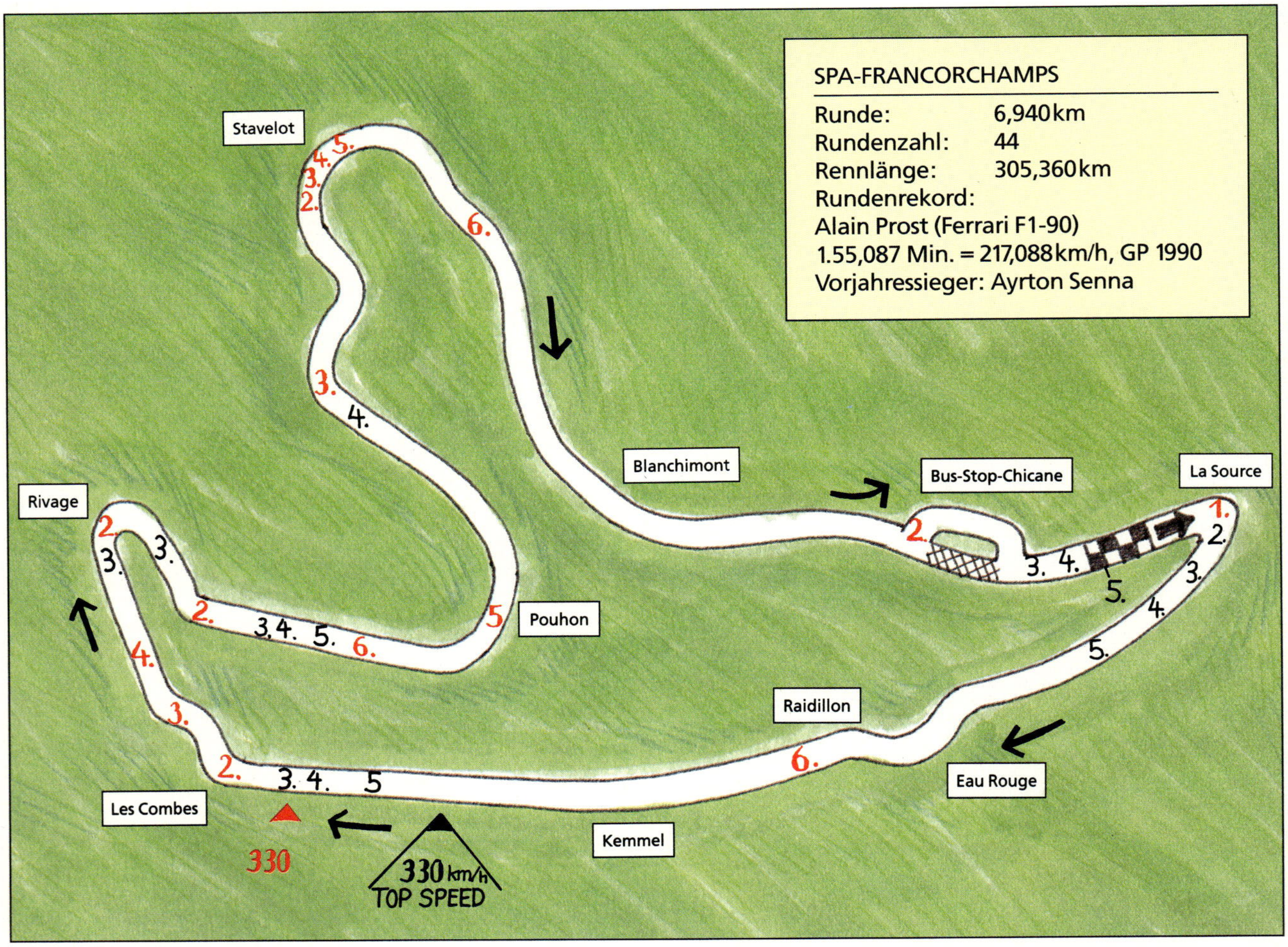

SPA-FRANCORCHAMPS

Runde:	6,940km
Rundenzahl:	44
Rennlänge:	305,360km

Rundenrekord:
Alain Prost (Ferrari F1-90)
1.55,087 Min. = 217,088km/h, GP 1990
Vorjahressieger: Ayrton Senna

Stavelot

Blanchimont

Bus-Stop-Chicane

La Source

Rivage

Pouhon

Raidillon

Les Combes

Eau Rouge

Kemmel

330

330 km/h
TOP SPEED

Zehn Wagen markieren die Ideallinie im "klassischen" Streckenabschnitt des Ardennen-Kurses, der berühmt-berüchtigten Senke bei Eau Rouge.

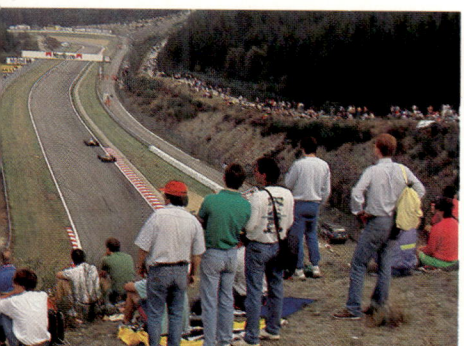

Der neue Streckenabschnitt ist der Landschaft angepaßt und bietet beste Übersicht

1990 wurde es vor La Source eng. Danach hat man die gefährliche Kurve entschärft

Rennergebnis

	Fahrer	Punkte
1.		10
2.		6
3.		4
4.		3
5.		2
6.		1

WM-Punktestand nach dem 11. Lauf

	Fahrer	Gesamtpunkte		Fahrer	Gesamtpunkte
1.			9.		
2.			10.		
3.			11.		
4.			12.		
5.			Weitere:		
6.					
7.					
8.					

8. Sept.

Großer Preis von Italien

START
Ortszeit
Übertragungsbeginn RTL plus 14.30 Uhr

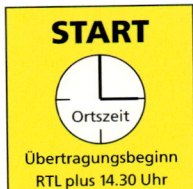

Schon 1921 dröhnten Rennmotoren im Königlichen Park von Monza, einem Vorort von Mailand. Seit 1950 wurden 40 Grand Prix-Rennen in der Arena gefahren – Monza ist damit absoluter Rekordhalter der Grand Prix-Strecken. Nur 1980 wich man nach Imola aus, jener Piste, auf der ab 1981 der Große Preis von San Marino ausgerichtet wird.

Die – immer noch sehr schnelle – Bahn von Monza wurde Anfang der 70er-Jahre durch den Einbau diverser Schikanen entschärft. 1971 fuhr der Engländer Peter Gethin am Steuer eines BRM mit „lächerlichen" 440 PS als Sieger einen Schnitt von 242,6 km/h – das ist bis heute der schnellste F1-Lauf der WM-Geschichte. Diese beeindruckende Tatsache zeigt, wie notwendig der Einbau der Schikanen seinerzeit war.

Die Vielzahl der im Verlauf von fast 70 Jahren ausgetragenen Rennen, das 1955 fertiggestellte (heute verrottende) Hochgeschwindigkeits-Oval und die Todesstürze der Spitzenpiloten Alberto Ascari, Wolfgang Graf Berghe von Trips, Jochen Rindt und Ronnie Peterson verliehen der Piste ein geradezu mystisches Image: Mehr als andere Strecken ist Monza zum Synonym für den Motorsport geworden. Kurven wie die Parabolica oder die beiden Lesmo-Ecken sind Zuschauer-Magnete.

Einzigartig ist die Begeisterung der Fans, der Tifosi, die sogar ihre Brüder in Rio de Janeiro in den Schatten stellen. Nicht mehr einzigartig sind die Rennverläufe. In der schikanenlosen Zeit tobten in Monza wilde Windschattenschlachten, die zuweilen mit einem Photofinish endeten. So kreuzten 1971 die fünf Erstplazierten innerhalb von nur 0,6 Sekunden(!) das Ziel.

Heute ist das Autodromo von Monza, Europas erste permanente Rennpiste, ein Kurs, der Leistung, gutes Ansprechverhalten und belast-

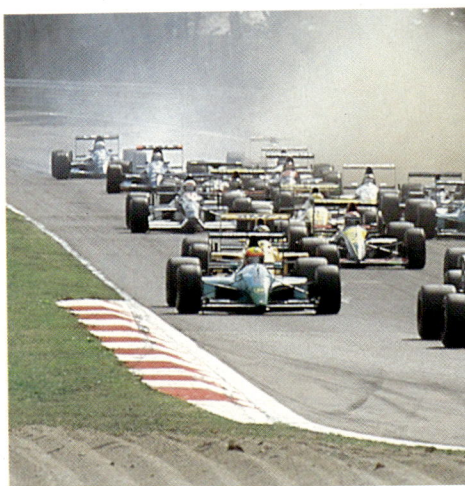

Die alljährliche Bremsorgie vor der "Prima Variante" im Verlauf der Startrunde, wenn das Feld noch dicht zusammenliegt. Patzer sind keine Seltenheit

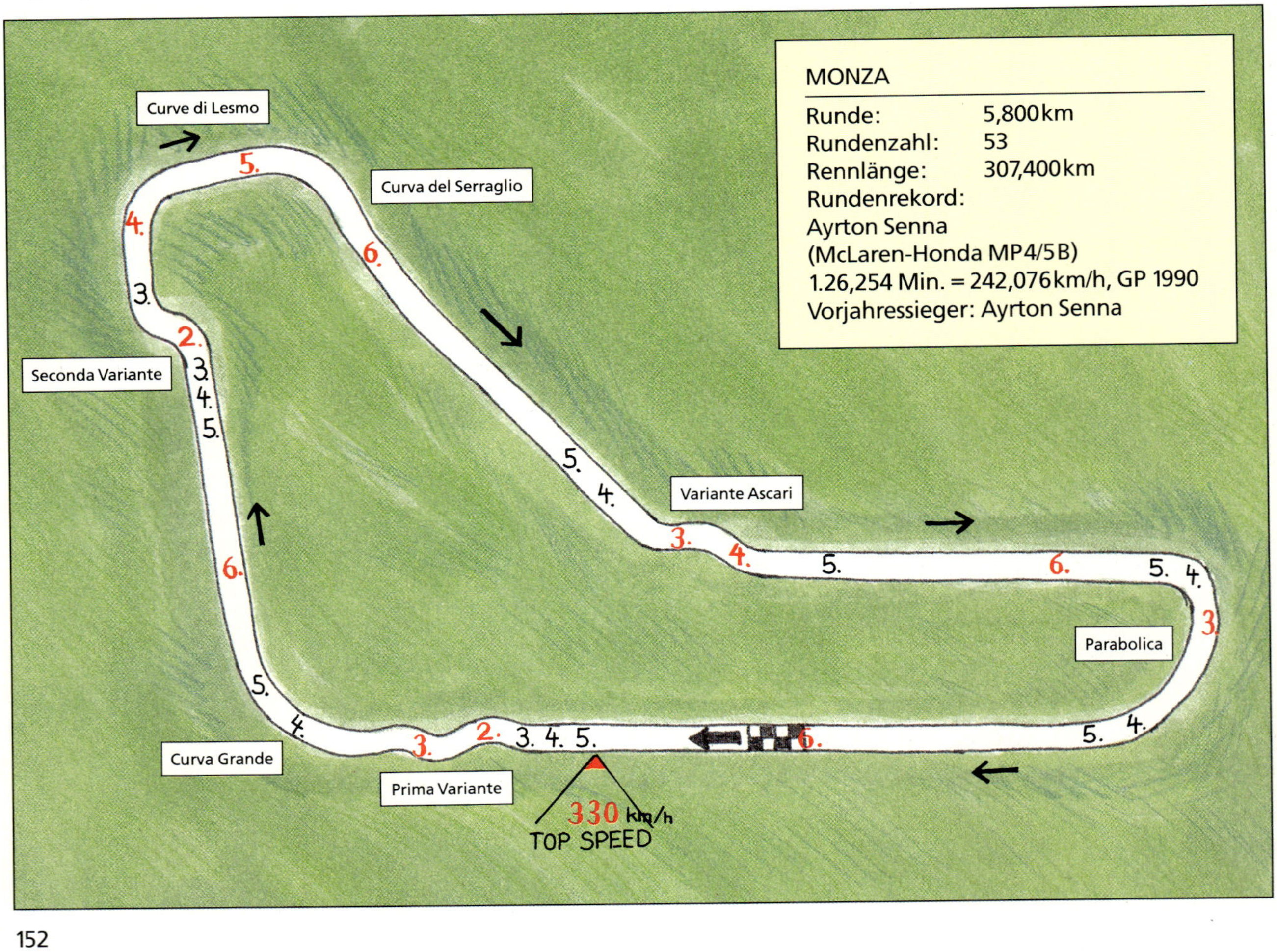
MONZA
Runde: 5,800 km
Rundenzahl: 53
Rennlänge: 307,400 km
Rundenrekord:
Ayrton Senna
(McLaren-Honda MP4/5B)
1.26,254 Min. = 242,076 km/h, GP 1990
Vorjahressieger: Ayrton Senna
Curve di Lesmo
Curva del Serraglio
Seconda Variante
Variante Ascari
Parabolica
Curva Grande
Prima Variante
330 km/h
TOP SPEED

bare Bremsen erfordert. Pulkfahren ist kaum noch möglich, nur selten kann ein Pilot sich im Windschatten anklammern. Den meisten Fahrern ist ein Sieg in Monza wichtiger als der Triumph auf einer der übrigen 15 Strecken: den Ferrari-Piloten natürlich, weil sie wie Halbgötter gefeiert werden; dem Rest der Rennwelt, weil Erfolge in der Höhle des Löwen besondere Genugtuung bereiten. ■

Rennergebnis

	Fahrer	Punkte
1.		10
2.		6
3.		4
4.		3
5.		2
6.		1

WM-Punktestand nach dem 12. Lauf

	Fahrer	Gesamtpunkte		Fahrer	Gesamtpunkte
1.			9.		
2.			10.		
3.			11.		
4.			12.		
5.			Weitere:		
6.					
7.					
8.					

Nirgendwo auf der Welt sind die GP-Zuschauer so begeisterungsfähig wie in Monza, der Ferrari-Hochburg. Nach dem Gran Premio überfluten die Tifosi die Piste. Nur mit Mühe können sie daran gehindert werden, den Asphalt schon während der Schlußrunde zu stürmen

Großer Preis von Portugal

START
Ortszeit
Übertragungsbeginn
RTL plus 15.30 Uhr

Estoril ist der Name des Seebades bei Lissabon. Man möchte beim Rennkurs einen mondänen Schauplatz vermuten, der Monte Carlo kaum nachsteht. Doch anders als an der Riviera wird in Portugal auf einer eigens angelegten Strecke gefahren, die außerhalb der Stadtmauern liegt.

Jahrelang schien die Anlage der Zweitklassigkeit vorbehalten: Europameisterschaftsläufe wurden ausgetragen, doch der ganz große Motorsport gab keine Gastspiele. Als die Formel 1 von 1958 bis 1960 erstmals in Portugal auftrat, fuhr die Elite in Oporto und Monserto – keineswegs in Estoril.

Das änderte sich bei der Neuauflage des Grand Prix im Land des Portweins: Seit 1984 vergeben die Portugiesen – trotz immer wieder auftretender Rechtsstreitigkeiten über den Grundbesitz der 4,3 Kilometer langen Piste – ihre 25 WM-Punkte in Estoril.

Die Wiedergeburt des GP von Portugal im Jahre 1984 machte wegen des spannenden Rennverlaufs unvergessene Schlagzeilen. Damals fand das letzte Rennen der Saison in Estoril statt. Die Entscheidung im Kampf von Altmeister Niki Lauda contra Alain Prost, dem aufstrebenden Franzosen, mußte fallen. Prost siegte, doch dem Österreicher genügte Platz zwei, um unterm Strich mit 0,5 Punkten Vorsprung wieder Champion zu werden – knapper geht's nicht.

Im folgenden Jahr hatten Prost und Lauda in Estoril nichts zu bestellen, als erneut ein denkwürdiger Grand Prix über die Bühne ging. Bei strömendem Regen siegte erstmals, damals noch als Lotus-Pilot, Ayrton Senna. Mit seinen Kollegen spielte der aufgehende Stern damals Katz und Maus: Als zweiter mußte sich Michele Alboreto mehr als eine volle Minute abnehmen lassen!

Gespickt mit raffinierten Kurven, die sich durch das Hügelgelände schlängeln, gehört Estoril zu den „Fahrer-Strecken". Die größte Herausforderung ist dabei mit Sicherheit die extrem langgezogene, eigentlich eher unauffällige Rechtskurve vor Start und Ziel. Als Nigel Mansell, gerade vom Halbautomatik-Ferrari umgestiegen, in der Winterpause 1990/91 dort seinen Williams testete, offenbarte er nachdenklich: „Ich muß in dieser Kurve schalten, habe aber Schwierigkeiten, mich zu überwinden, die Rechte vom Lenkrad zu nehmen..." ■

ESTORIL

Runde:	4,350km
Rundenzahl:	71
Rennlänge:	308,850km

Rundenrekord:
Riccardo Patrese
(Williams-Renault FW 13 B)
1.18,306 Min. = 199,985km/h,
GP 1990
Vorjahressieger: Nigel Mansell

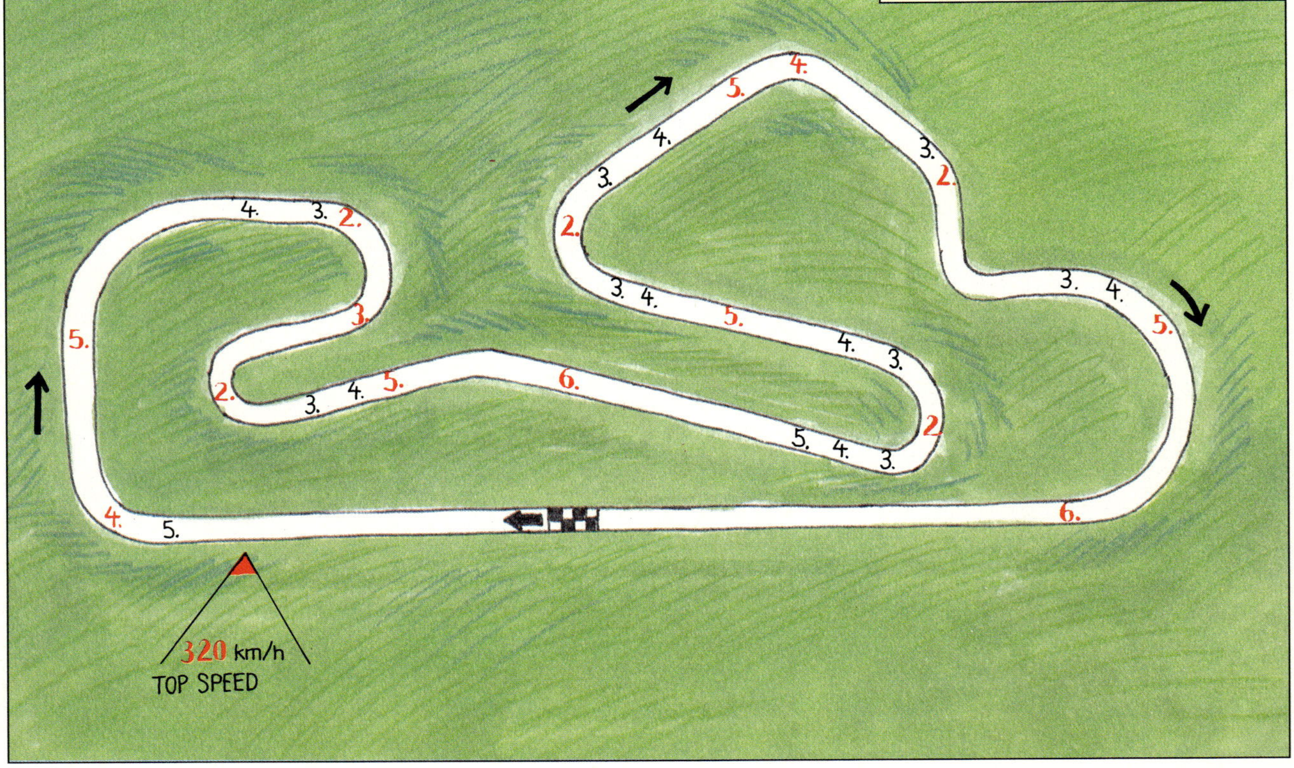

320 km/h
TOP SPEED

Mansell (2) und Piquet im Clinch – Prost lauert. Am Ende der langen Boxengeraden entscheiden sich in Estoril viele Duelle

1 PS ignoriert die 670, die vorbeirasen. Tradition und High Tech im Autodromo von Estoril

Rennergebnis

	Fahrer	Punkte
1.		10
2.		6
3.		4
4.		3
5.		2
6.		1

WM-Punktestand nach dem 13. Lauf

	Fahrer	Gesamtpunkte			Fahrer	Gesamtpunkte
1.				9.		
2.				10.		
3.				11.		
4.				12.		
5.				Weitere:		
6.						
7.						
8.						

Großer Preis von Spanien

START
Ortszeit
Übertragungsbeginn
RTL plus 13.30 Uhr

Spanien hat bereits 1951 einen Formel 1-WM-Lauf ausgerichtet. Dennoch gehören die Rennen auf der iberischen Halbinsel keineswegs zu den Klassikern des GP-Sports. Hierfür gibt es gleich zwei Ursachen: Insgesamt stand der spanische Grand Prix bisher erst 20mal im WM-Programm. Und er fand zu keiner Zeit eine wirklich traditionelle Heimat. Bis heute kamen vier verschiedene Pisten zum Einsatz.

In der bewegten Geschichte des Rennens gab es unbestritten Höhepunkte, deren Bedeutung über den Tag des Geschehens hinausging. Als Lancia 1954 auf dem Circuito Pedrables seinen Mercedes-Schreck vom Typ D50 präsentierte, stellte Alberto Ascari den Wagen mit den auffälligen Seitentanks prompt auf die Pole-Position. Der zweifache Weltmeister fuhr im Rennen innerhalb von nur zehn Runden einen Vorsprung von zehn(!) Sekunden heraus. Die Früchte seiner Arbeit konnte er allerdings nicht ernten, weil ihn ein Kupplungsschaden stoppte.

Jackie Oliver, heute Manager bei Footwork-Porsche, wird niemals den 19. April 1970 vergessen. Auf der Piste von Jarama kollidierte er mit dem Ferrari-Star Jacky Ickx. Die Autos gingen in Flammen auf. Beide Piloten entkamen dem Inferno, auch wenn sich Ickx leichte Verbrennungen zuzog. Es war eine der ganz großen Beinah-Katastrophen der Formel 1, ähnlich wie Martin Donnellys Unfall im spanischen Jerez 1990. Damals überstand der Brite einen Hochgeschwindigkeits-Crash, wie durch ein Wunder, lebend.

Vierter Austragungsort des Grand Prix von Spanien war die Strecke am Montjuich. Sie stand zwischen 1969 und 1975 viermal im WM-Programm. Als der Kölner Rolf Stommelen dort 1975 stürzte, kam das Aus für diese Piste. Vor den Toren Barcelonas, so wurde angekündigt, entstünde eine permanente Piste, auf die man ausweichen werde.

16 Jahre sind seitdem vergangen. Jetzt haben die spanischen Mühlen ausgemahlen, jetzt ist der katalanische Ersatzkurs endlich fertiggestellt – die fünfte spanische Grand Prix-Strecke!

■

Schwanengesang: Paolo Barilla (24) und der ▶
Kurs von Jerez gaben am 30.9.1990 ihren
Abschied von der Formel 1

BARCELONA

Runde:	4,747 km
Rundenzahl:	65
Rennlänge:	308,555 km
Neuer Kurs	
Vorjahressieger: Alain Prost	
(in Jerez)	

*Fotografen-Gerangel an der ▶
Piste. Weniger werden es in
diesem Jahr sicher nicht sein.
Die neue, unbekannte Strecke
weckt das Interesse*

*Für ein Schlückchen in Ehren lächeln Dutzende
junger Damen. Ohne die gewaltigen
Sponsoren-Gelder ließe sich der GP-Zirkus
nicht durchziehen*

Rennergebnis

	Fahrer	Punkte
1.		10
2.		6
3.		4
4.		3
5.		2
6.		1

WM-Punktestand nach dem 14. Lauf

	Fahrer	Gesamtpunkte		Fahrer	Gesamtpunkte
1.			9.		
2.			10.		
3.			11.		
4.			12.		
5.			Weitere:		
6.					
7.					
8.					

157

Großer Preis von Japan

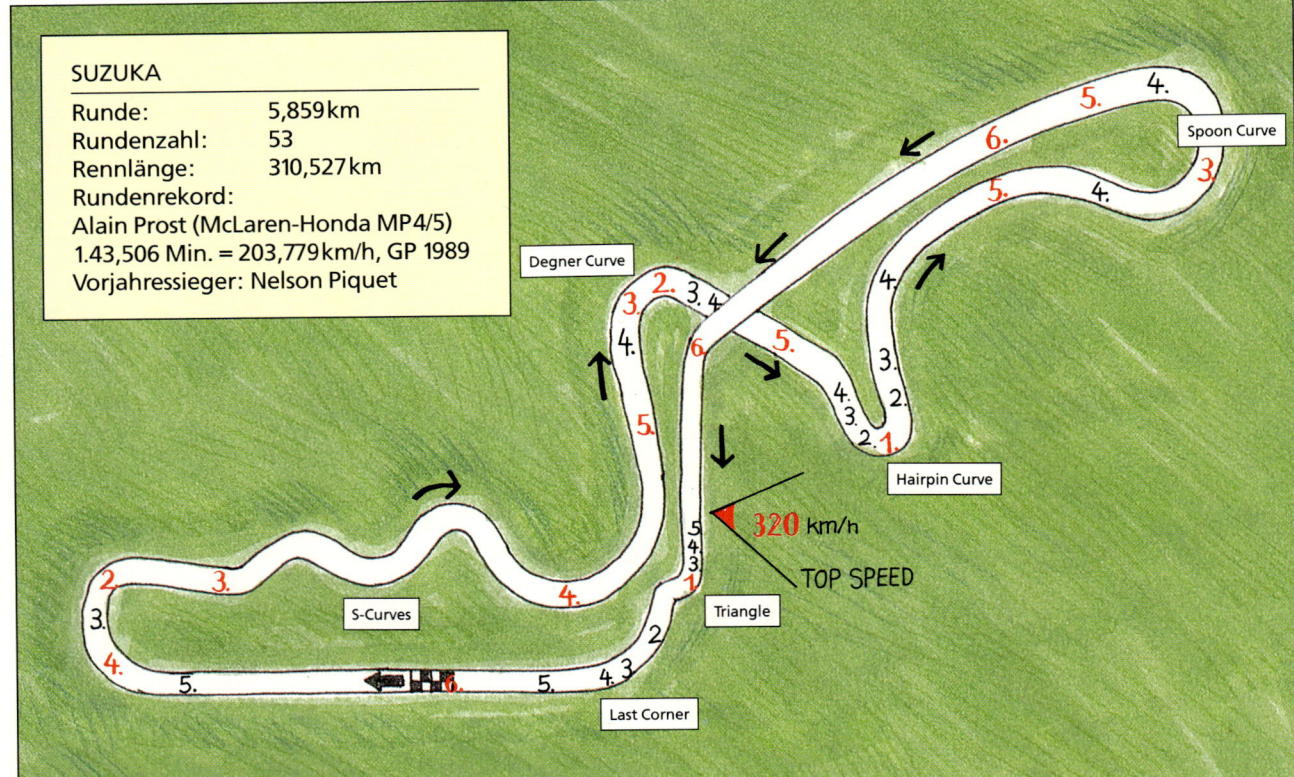

SUZUKA

Runde:	5,859 km
Rundenzahl:	53
Rennlänge:	310,527 km

Rundenrekord:
Alain Prost (McLaren-Honda MP4/5)
1.43,506 Min. = 203,779 km/h, GP 1989
Vorjahressieger: Nelson Piquet

Degner Curve

Spoon Curve

Hairpin Curve

320 km/h

TOP SPEED

Triangle

S-Curves

Last Corner

Noch Sekunden bis zur WM-Entscheidung 1990: In der ersten Startreihe belauern sich Ayrton Senna (li.) und Alain Prost im roten Ferrari. Sie kommen nur bis zur ersten Kurve

Die Skizze der Piste von Suzuka ähnelt einer plattgetretenen Acht, was sie allein schon einmalig unter den Formel 1-Kursen macht. Fahrerisch außergewöhnlich anspruchsvoll, stellt sie eine der größten Herausforderungen jedes Rennjahrs dar. Obwohl Suzuka eine permanente Rennstrecke ist, kann sie wegen ihrer extremen geographischen Randlage kaum für Testzwecke genutzt werden – nur die Teams mit Honda-Motoren drehen auf der Achterbahn im Land der aufgehenden Sonne auch außerhalb des Grand Prix-Wochenendes ihre Runden.

Japans Rolle in der höchsten Klasse des internationalen Automobil-Rundstreckensports wuchs seit Hondas erstem Auftritt im August 1964 kontinuierlich. Heute ist das asiatische Kaiserreich mit Motoren (Honda und Yamaha), Teams (Leyton House, Brabham und Footwork), Piloten (Satoru Nakajima und Aguri Suzuki) und der GP-Piste von Suzuka vertreten. Die Fans tragen diesem großen Engagement voll Rechnung. Wie schon am Fuji-Speedway – wo 1976 und 77 gefahren wurde – ist Suzuka

Aufmarsch zur Wahl der "Race Queen" in Honda-Land. 1989 und 1990 gefror das landestypische Lächeln – Nannini und Piquet siegten auf Ford...

bestens besucht. Ihr Kommen brauchten die Zuschauer bisher nicht zu bereuen. Jeweils als vorletzter WM-Lauf des Jahres ausgetragen, schlägt der Formel 1-Zirkus seine Zelte seit 1987 südlich von Osaka auf, und stets wurde seitdem der Kampf um die Weltmeisterschaft an der Pazifik-Küste entschieden.

Aufgrund der breiten Palette unterschiedlichster Kurven, die von der langgezogenen Rechtsbiegung nach dem Start, über eine Haarnadelkurve bis hin zu einer brutalen Bremsschikane vor den Boxen reicht, ist die Chassis-Abstimmung ungewöhnlich schwierig. Umso überraschender war es, daß Mclaren-Honda im Vorjahr den Heimvorteil nicht nutzen konnte: Am Renntag zeigte sich Alain Prost auf Ferrari im Warm-up überlegen. Im Rennen konnte er dieses Plus dann allerdings nicht ausspielen...

Neben Spa-Francorchamps ist Suzuka heute der einzige Kurs, auf dem technische Nachteile in einem erkennbaren Prozentsatz durch fahrerischen Einsatz wettgemacht werden können. Unter erschwerten Bedingungen – auf nassem Asphalt – kommt die Komponente „Fahrer" noch stärker zum Tragen. Und ein Regenrennen ist in Suzuka statistisch überfällig, denn der seit Jahren ortskundige Satoru Nakajima weiß: „Das Novembel-Wettel in Suzuka ist wie das Novembel-Wettel in Gloßblitannien." ■

Rennergebnis

	Fahrer	Punkte
1.		10
2.		6
3.		4
4.		3
5.		2
6.		1

WM-Punktestand nach dem 15. Lauf

	Fahrer	Gesamtpunkte		Fahrer	Gesamtpunkte
1.			9.		
2.			10.		
3.			11.		
4.			12.		
5.			Weitere:		
6.					
7.					
8.					

Großer Preis von Australien

START
Ortszeit
Übertragungsbeginn
RTL plus 04.00 Uhr

S eit 1985 hat Adelaide traditionell das Recht auf die Austragung des Saisonfinales. Neben Phoenix, Monaco und Spa ist die Rennstrecke der Hauptstadt Südaustraliens die vierte nicht permanente Formel 1-Piste – eine Strecke also, die außerhalb des Rennens für den normalen Straßenverkehr zur Verfügung steht.

Aus der Sicht der FISA zählt dieser Grand Prix zu den unverzichtbaren Bestandteilen des WM-Kalenders, weil er einen kompletten Kontinent abdeckt. Obwohl die große Zeit australischer ▶

ADELAIDE

Runde:	3,780 km
Rundenzahl:	81
Rennlänge:	306,180 km

Rundenrekord:
Nigel Mansell (Ferrari F1-90)
1.18,203 Min. = 174,009 km/h,
GP 1990
Vorjahressieger: Nelson Piquet

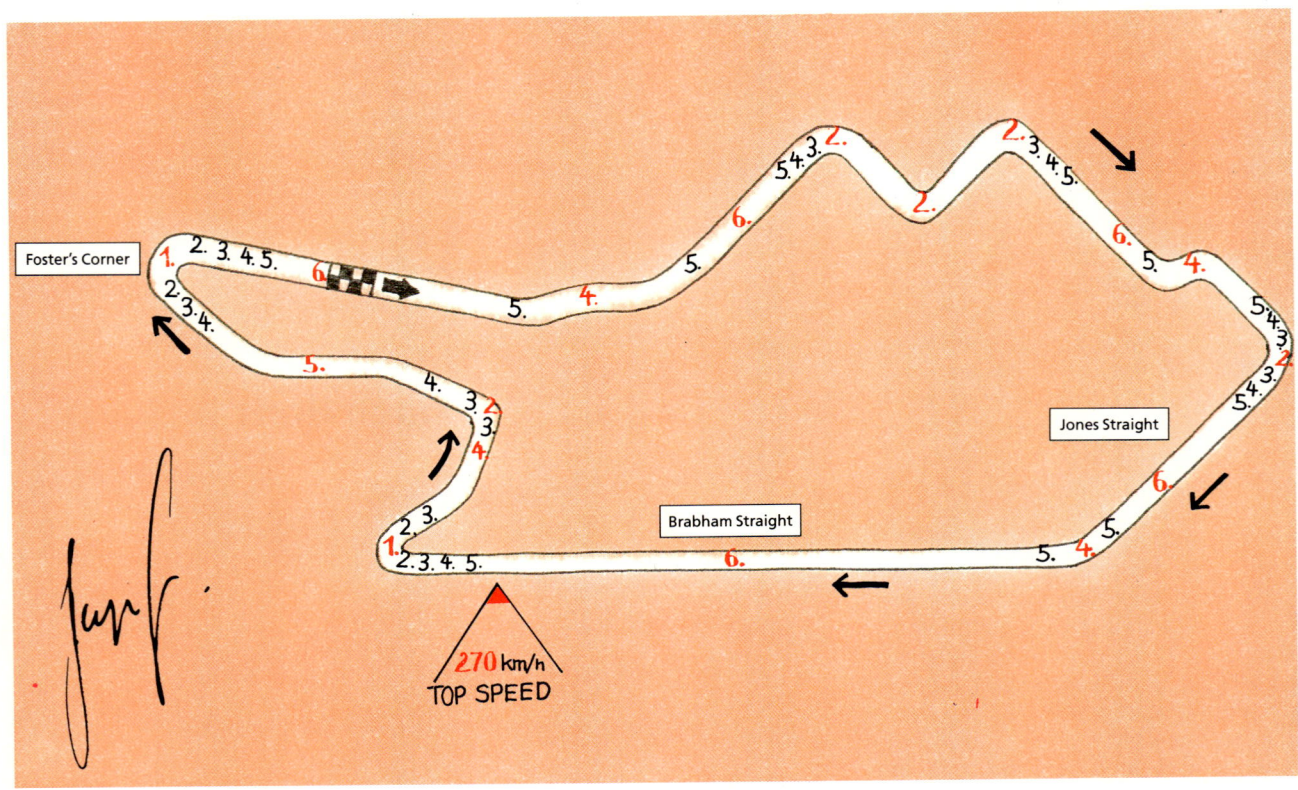

Foster's Corner

Jones Straight

Brabham Straight

270 km/h
TOP SPEED

Gerhard Berger biegt von der Jones Straight ▶ in die Brabham Gerade ab. Im Hintergrund die nahegelegene City Adelaides

Blick auf die Schikane nach Start und Ziel. Das Nadelöhr am Fuß der Tribüne wurde schon für viele Fahrer zur Falle ▼

Piloten vorläufig der Vergangenheit angehört – Jack Brabham und Alan Jones holten gemeinsam vier Titel –, löst das Rennen alljährlich eine unglaubliche Begeisterung unter den Fans aus. Adelaide schlägt in diesem Punkt alle Rekorde: Die Formel 1 stellt die Stadt förmlich auf den Kopf.

Rechtwinklige Kurven und der Power-Abschnitt Brabham-Straight kennzeichnen die Strecke. Wie jeder Stadtkurs, so verzeiht auch Adelaide praktisch keine Fehler – Notausgänge ersetzen an einigen kritischen Stellen die gewohnten Sturzräume. Als der Kampf um den WM-Titel im Jahr 1986 auf dem fünften Kontinent entschieden wurde, erwies sich ein solcher Notausgang als sehr nützlich: In aussichtsreicher Position liegend, platzte der linke Hinterreifen am Williams des WM-Favoriten Nigel Mansell bei gut 300 km/h! Der Schnauzbart behielt jedoch die Nerven, stieß nirgendwo an und kam schließlich in einem der „Blinddärme" zum Stehen. Alain Prost profitierte von Mansells Pech und holte sich seine zweite Weltmeisterschaft.

Wegen der langen Renndauer – deutlich mehr als 100 Minuten beträgt die Arbeitszeit – und den zahlreichen Kurven sind die 26 Starter konditionell gefordert. Charakteristisch ist außerdem der tückisch glatte Asphalt. Wehe dem, der von der Ideallinie abkommt, die dank des Reifenabriebs ausreichend Grip hat. Jeder Überholvorgang, der jenseits der Gummi-Patina gefahren wird, ist äußerst riskant.

Durch die hohe Ausfallrate – Ausritte und technische Defekte dezimieren das Feld überdurchschnittlich – kommt es down-under immer wieder zu überraschend guten Plazierungen von Außenseitern. ∎

Innerhalb weniger Tage reagierten die Souvenir-Händler auf den zweiten Titelgewinn von Ayrton Senna. Prost kaufte dieses T-Shirt nicht ...

Rennergebnis

	Fahrer	Punkte
1.		10
2.		6
3.		4
4.		3
5.		2
6.		1

WM-Endstand

	Fahrer	Team	Punkte
1.			
2.			
3.			
4.			
5.			
6.			
7.			
8.			
9.			
10.			
11.			
12.			
13.			
14.			
15.			
16.			
17.			
18.			
19.			
20.			
21.			
22.			
23.			
24.			
25.			
26.			
27.			
28.			
29.			
30.			
31.			
32.			
33.			
34.			
35.			

Jetzt kommt Ihnen intelligente Technik noch faszinierender entgegen: Nissan 300 ZX Twin Turbo.

Eines der außergewöhnlichsten Automobilkonzepte unserer Zeit.

Jetzt gibt es einen Spitzensportwagen, der die Interaktion zwischen Fahrer und modernster Technik perfektioniert. Erleben Sie im 300 ZX Twin Turbo ein Cockpit, das diese Bezeichnung wirklich verdient – eine ergonomisch perfekt gestaltete Schaltzentrale. Und das durchdachte Zusammenspiel fortschrittlichster technischer Lösungen: 3,0-l-V6-24-Ventil-Triebwerk mit zwei Turboladern, Ladeluftkühlung und zwei geregelten 3-Wege-Katalysatoren. Ein „mitdenkendes" Fahrwerk mit Multilenker-Vorder- und -Hinterachse, elektronisch gesteuerter, aktiv mitgelenkter Hinterachse SUPER HICAS sowie ABS. Dazu die außergewöhnliche T-Dach-Konstruktion für ein erfrischendes und sicherheitsbewußtes „Offenfahren". Lernen Sie einen Spitzensportwagen kennen, der nicht nur Fahrzeug ist, sondern aktiver Partner – den 300 ZX Twin Turbo.

B · DE 586

NISSAN Motor Deutschland GmbH, 4040 Neuss 1.

NISSAN

Übrigens: Der Nissan 300 ZX Twin Turbo wurde 1990 in den USA von „Motor Trend" um „Auto des Jahres" in der Kategorie Importfahrzeuge gewählt.

Immer wieder sonntags:

RTLplus am Start

Willy Knupp in der Sprecherkabine. Links das Bild, das um die Welt geht. Auf dem kleinen Monitor aktuelle Zeitinformationen

Die Formel 1 ist ein Milliardengeschäft. Wenn Industriefirmen ihre Markennamen auf Autos, Fahreroveralls und Banden anbringen lassen, zahlen sie dafür beachtliche Summen. Sie tun das nicht aus purer Liebe zum Motorsport – sie tun es, weil sie wissen, auf welch gewaltiges Interesse die Formel 1 weltweit stößt.

Über eine Milliarde Menschen verfolgen jedes der 16 Rennen. „Nur" ca. 1,5 Millionen können es direkt an den Pisten. Aber viele Fernsehanstalten bringen die spannenden Bilder rund um den Erdball. Für Deutschland erwarb RTLplus die Übertragungsrechte für eines der größten Sportspektakel der Welt.

◀ Vor der Satellitenschüssel, die das Bild nach Deutschland bringt: Willy Knupp mit den Kollegen Andreas Schnabel (l) und Dieter Stappert

Kommentator der Rennen ist Willy Knupp, bei RTLplus zuständig für Auto und Technik. Er reist jeweils drei Tage vor dem Rennen an, um sich bei Ingenieuren und Fahrern aktuell zu informieren und um Teile des Abschlußtrainings live zu kommentieren. Mit ihm fliegt in der Regel Andreas Schnabel aus der RTLplus-Sportredaktion. Er kümmert sich um Randgeschichten. Der dritte im Bunde ist Dieter Stappert, ein hervorragender Kenner der Formel 1-Szene. Der frühere Leiter der BMW-Formel 1-Rennabteilung unterstützt Knupp als Co-Kommentator und Interviewer.

Auf die Fernsehbilder hat RTLplus keinen Einfluß. Sie werden von nationalen Fernsehanstalten geliefert. Willy Knupp kann nur das kommentieren, was er selber auf dem Monitor in seiner Sprecherkabine sieht. Es ist das Bild, das zur selben Zeit rund um die Welt geht. Als Hilfsmittel steht ihm ein weiterer Monitor zur Ver-

fügung, auf dem die aktuellen Zeitmessungen einspielt werden. Der Kommentator sieht meist nur ein kleines Stück der Rennstrecke ein; oft muß er sogar darauf verzichten. Er ist also bei seinen Kommentaren auf Informationen angewiesen, die ihm über den Monitor oder Kopfhörer zugespielt werden, oder die er sich an den Tagen vor den Rennen beschafft hat.

Am 28. Juli, beim Großen Preis von Deutschland auf dem Hockenheimring, ist RTLplus für die weltweite Übertragung des Formel 1-Rennens verantwortlich. Der personelle und technische Aufwand ist gigantisch. Mehr als 200 Personen sind nahezu rund um die Uhr im Einsatz, einige schon Wochen vorher. Rund um die knapp sieben Kilometer lange Strecke sind 21 Kameras installiert. Hinzu kommen vier sogenannte Crash-Kameras, die Bilder aus ungewöhnlichen Perspektive liefern. Die winzigen Geräte können zum Beispiel in den Asphalt eingelassen werden. In den Boxen sind zwei drahtlose Kameras im Einsatz. Vier weitere Kameras sind in Formel 1-Autos eingebaut, um Bilder aus der Sicht der Piloten zu liefern.

Während der Veranstaltung umkreisen zwei Hubschrauber die Strecke. Der eine, um Bilder von den drahtlosen Kameras zu empfangen und zum Übertragungswagen zu senden. Der andere hat ein Kamerateam an Bord, das das Renngeschehen aus der Vogelperspektive zeigt.

Es werden fast 30 Kilometer Kabel verlegt, um Bilder und Ton in den Regiewagen zu transportieren. In einem weiteren riesigen Truck sind unter anderem 22 Zeitlupe-Maschine installiert, um in Sekundenschnelle wichtige Szenen wiederholen zu können. Ein gewaltiger Aufwand für ein zweistündiges Spektakel.

◀ Expertengespräch im Presseraum: der RTL-Moderator diskutiert mit dem Journalisten Achim Schlang über ein aktuelles Telex

Grübel, grübel, und studier ...
Während des Trainings informiert sich
Ayrton Senna über eigene Leistungsdaten
und die Zeiten seiner Gegner

Seltener Blick auf die Unterseite eines Monocoques, der Kohlefaser-Zelle, die dem Piloten und gut 200 Litern Sprit Platz bietet. An das abgewandte Ende wird der Motor angeflanscht

Manfred von Brauchitsch gibt seinem Mercedes W125 die Sporen. Knapp 650 PS holten die Schwaben 1937 aus 5,6 Litern Hubraum

Die tollkühnen Männer in ihren rasenden Kisten

Fast so alt wie das Automobil: Der Kampf um Zehntel Sekunden

Die Lage scheint hoffnungslos für Juan-Manuel Fangio. Fast eine Minute dauert der Boxenstopp beim Großen Preis von Deutschland am 4. August 1957. Dabei hatte der 46jährige Argentinier in zwölf Runden einen Vorsprung von satten 31 Sekunden auf seine stärksten Gegner, das Ferrari-Paar Hawthorn und Collins, herausgefahren. Der Traum vom dritten Sieg in Folge auf dem Nürburgring scheint für den Maserati-Fahrer ausgeträumt. Fangio attackiert zunächst auch nicht, als er mit nachgefülltem Tank und neuen Hinterreifen wieder in Richtung Südkehre davonbraust. Sein Rückstand auf Howthorn und Collins wächst von 30 auf 50 Sekunden.

Doch in der 15. Runde „explodiert" Fangio. Er holt zwölf Sekunden auf, in der folgenden weitere fünf. Längst hat Ferrari-Rennleiter Tavoni

seine Schützlinge gewarnt. Doch die haben dem entfesselten Südamerikaner nichts entgegenzusetzen. Fangio wird immer schneller. In der 19. Runde schraubt er den Rundenrekord auf schier unglaubliche 9.17,4 Minuten und setzt sich während des folgenden Umlaufs in Front. Zwei Runden später kreuzt der Südamerikaner mit 3,5 Sekunden Vorsprung auf Mike Hawthorn den Zielstrich als Sieger.

Keine Rundenzeit wurde seitdem so oft zitiert, wie jene legendären 9.17,4 – die Traumzeit. Um dies zu verstehen, muß man wissen, daß der alte Rekord aus dem Jahr 1956 bei 9.41,6 Minuten stand und in jener Saison erstmals seit 1939 (!) verbessert worden war. Noch 1990 in Adelaide erinnerte sich der 24fache GP-Sieger Fangio spontan an dieses Rennen: „Es ist fraglos der beste Grand Prix meiner Karriere."

Als der alternde Fangio der Jugend dieses Schnippchen schlug, hatte der Automobilsport bereits eine Tradition von mehr als 60 Jahren. Schon neun Jahre nach der ersten Ausfahrt eines Automobils im Sommer 1886 gab es das erste Rennen mit den „pferdelosen Wagen": die Fernfahrt Paris – Bordeaux – Paris. Die Idee hierzu war eine logische Selbstverständlichkeit: Miteinander die Kräfte zu messen, gehört zu den ältesten kulturellen Erscheinungen der Menschheit.

1906 tauchte erstmals der Begriff „Grand Prix" auf. Der Sieger des Ur-Ur-Urgroßvaters aller Großen Preise kam aus Ungarn und hieß Francois Szisz.

Die Bezeichnung „Formel 1" existierte noch nicht, als der Motorsport in den 20er- und 30er-Jahren Blütezeiten erlebte und große Könner

Der 1950 konstruierte Ferrari 375 mit 4,5 Litern Hubraum und gut 350 PS. Schon 1951 war der „Alfa-Killer" für Platz zwei in der noch jungen Weltmeisterschaft gut

Juan Manuel Fangio – der Maßstab einer Epoche. Der Argentinier holte sich fünf WM-Titel, und bei nur 51 Starts ging er 48 Mal aus der ersten Reihe ins Rennen. Das große Foto zeigt ihn auf Maserati 250F, der braune Helm war gleichermaßen Markenzeichen wie auch Maskottchen ▼

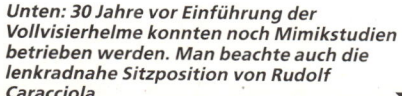

Unten: 30 Jahre vor Einführung der Vollvisierhelme konnten noch Mimikstudien betrieben werden. Man beachte auch die lenkradnahe Sitzposition von Rudolf Caracciola ▼

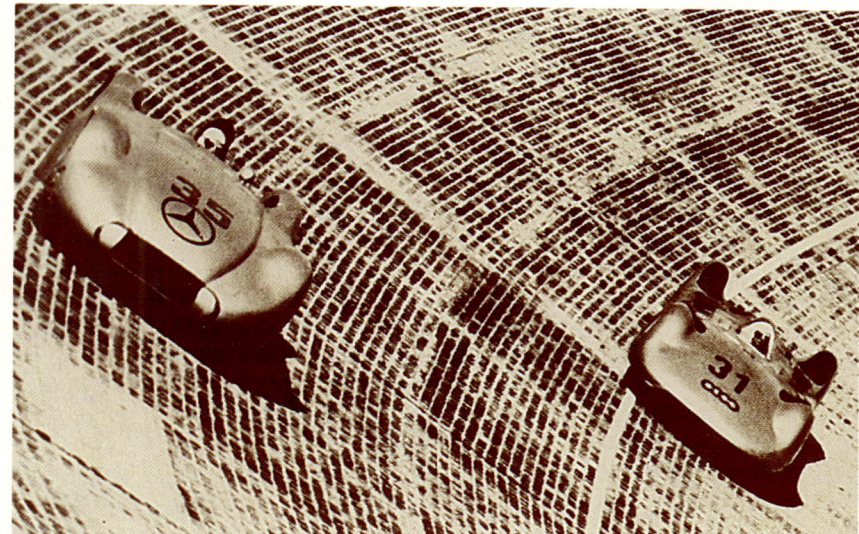

Bernd Rosemeyer (rechts) auf Auto-Union und Mercedes-Star Rudolf Caracciola duellieren sich 1937 in der neuen, extrem überhöhten Nordkurve der Berliner Avus. Im September 1967 fiel die gigantische „Ziegelmauer" schwerem Abbruchgerät zur Opfer

Sunnyboy Bernd Rosemeyer, der 1938 bei einem Rekordversuch auf der Autobahn starb

Hockenheimring, 2. August 1970: Jochen Rindt auf seiner letzten Siegesfahrt. Der – unter der Regie von Colin Chapman entworfene – Lotus vom Typ 72 mit dem keilförmigen Bug gilt als einer der großen Meilensteine im Rennwagen-Bau. Das Auto war von 1970 bis 1974 für viele Siege gut

Hier fährt der Chef selbst – der Neuseeländer Bruce McLaren auf seinem „Eigenbau"

Bis 1960 waren Stromlinien-Karossen – wie der vollverkleidete Mercedes W196 – erlaubt

wie Tazio Nuvolari, Rudolf Caracciola, Louis Chiron, Bernd Rosemeyer und Hermann Lang hervorbrachte. Erst gegen Ende des Jahres 1946 entstand die Zauber-Formel. Als die Motorradfahrer 1949 erfolgreich vormachten, wie sich eine Weltmeisterschaft durchführen läßt, zog die vierrädrige Fakultät eine Saison später nach.

Am 13. Mai 1950 fiel in Silverstone der Startschuß für die neue Rennserie. Der Sieger, Dr. Nino Farina, fuhr einen Frontmotor-Boliden, zum „Schutz" des Kopfes trug der Turiner eine Leinenkappe, und als zu seinen Ehren die italienische Nationalhymne gespielt wurde, hing ein Lorbeerkranz um seine Schultern.

In den folgenden Jahren verschwanden nacheinander diese äußeren Merkmale des GP-Sports: Die gewebten Kopfbedeckungen wurden verbannt, weil sie nicht mehr mit dem wachsenden Sicherheitsdenken in Einklang zu bringen waren, die Motoren rückten hinter die Piloten, weil so die Straßenlage der Autos optimiert werden konnte, und der Lorbeer wurde verboten, da er bei Siegerehrungsfotos teuer bezahlte Werbesticker der Sponsoren auf den Overalls verdeckte...

Farina, er starb 1966 als 60jähriger bei einem Straßenverkehrsunfall, triumphierte nicht nur beim WM-Auftakt in Silverstone, er durfte sich bei Saisonende auch als erster Champion feiern lassen. Juan-Manuel Fangio, wie Farina Mitglied der „Fabrikmannschaft" von Alfa Romeo zog ein Jahr später nach. Bevor allerdings die wirklich große Zeit des Argentiniers begann, beherrschte Alberto Ascari die Szene souverän. Noch heute sagt Fangio, der als PS-Rentner in seiner südamerikanischen Heimat lebt: „In meiner aktiven Zeit als Rennfahrer gab es zwei große Piloten – Stirling Moss und Alberto Ascari." Sich selbst übersieht der Maestro dabei bescheiden.

In den Jahren 1952 und 1953 war die Fahrer-WM den Autos der Formel 2 zugeschrieben worden – Alfa hatte sich zurückgezogen, und damit versprach die F 1 vorübergehend keine attraktiven Startfelder. Ferrari dominierte mit dem Typ 500, den Ascari bei 15 Einsätzen zwölfmal auf Platz eins fuhr. Fangio, mittlerweile zu Maserati gewechselt, konnte wegen einer Verletzung 1952 keinen einzigen WM-Lauf bestreiten.

Als die WM von der Formel 1 zurückerobert wurde, begann die Ära des Juan-Manuel Fangio, der von 1954 bis 1957 in vier aufeinanderfolgenden Saisons die meisten Punkte heimfuhr. Die Überlegenheit von „El Chueco" – dem Krummbeinigen – war dabei keinesfalls an die Dominanz eines Teams gebunden. Er gewann hintereinander auf Maserati, Mercedes, Ferrari und dann erneut auf Maserati.

Immer noch waren die Motoren vorn angeordnet, immer noch fehlten Sicherheitsgurte und

Leitplanken. Doch dafür gab es eine außergewöhnlich große Fahrdisziplin und eine beispiellose Fairneß, die sogar jeden Helden eines schnulzigen Edelwesterns beschämt hätte. Als Juan-Manuel Fangio 1956 in Monza – seinen vierten WM-Titel vor Augen – mit irreparablem Defekt an den Boxen stehenblieb und sich Teamkollege Luigi Musso weigerte, sein Auto an den großen „alten" Mann abzutreten, stoppte der Brite Peter Collins seinen Ferrari freiwillig und übergab seinem Stallgefährten Fangio das Lenkrad. Collins durfte sich zu diesem Zeitpunkt selbst noch Hoffnungen auf den Titel machen, den sich Fangio aufgrund der großartigen Geste sichern konnte. (Fahrerwechsel mit anschließender Punkteteilung waren in jenen Tagen erlaubt.)

Collins begründete seine kameradschaftliche Haltung mit den Worten: „Für Fangio ist es vielleicht die letzte Gelegenheit, noch einmal Champion zu werden. Ich bin noch jung, ich kann mir den Titel immer noch holen." Konnte er nicht. Knappe zwei Jahre später verunglückte er auf dem Nürburgring tödlich.

Zum Ende der 50er Jahre verdrängten moderne Mittelmotor-Konstruktionen die Frontmotor-Rennwagen. Damit war der erste Schritt in die Neuzeit der Formel 1 getan. Die beiden weiteren epochalen technischen Sprünge bestanden in der Einführung der – aus dem Flugzeugbau übernommenen – Schalenbauweise

und dem Wechsel von Metall- zu Kohlefaser-Chassis. Die Schalenbau-Monocoques kreierte das Konstrukteurs-Genie Colin Chapman im Jahr 1962. Neunzehn Jahre später wagten McLaren und Lotus den Umstieg auf Carbon. Mittlerweile stand die Weltraumtechnik Pate. Auch wenn mit Stirling Moss Mitte der 50er ein britischer Starpilot auftauchte, gingen doch die ersten acht WM-Titel nach Italien und Südamerika. Dann läutete Mike Hawthorn die angelsächsische Überlegenheit ein. Von 1958 bis 1969 bestiegen Fahrer, teils mehrmals, den Weltmeister-Thron, deren Muttersprache Englisch war: Mike Hawthorn, Jack Brabham, Phil Hill, Graham Hill, Jim Clark, John Surtees, Denis Hulme und Jackie Stewart. 1970 beendete Jochen Rindt die Erfolgsserie dieser multinationalen Phalanx von Champions aus Großbritannien, den USA, Australien und Neuseeland.

Der Deutsch-Österreicher Rindt sammelte zwar genügend Punkte, um Jackie Stewart als Titelträger abzulösen, doch er verunglückte noch vor Saisonende tödlich. Dabei traf es ausgerechnet einen Fahrer, der sich recht kompromißlos dem von Jackie Stewart proklamierten Sicherheitsdenken verschrieb. Der Schotte hatte 1966 auf der damals noch ultraschnellen Ardennen-Piste von Spa-Francorchamps ein unangenehmes Schlüsselerlebnis: in ätzendem Rennbenzin sitzend, mußte er mit einem schmerzhaften Knochenbruch mehr als 30 Mi-

Fünf Minuten vor der tödlichen Katastrophe am 10. 9. 1961 wechseln Wolfgang Graf Berghe von Trips und Mechaniker Gert Gentsch letzte Worte

1983 wurde Nelson Piquet auf Brabham-BMW erster „Turbo-Weltmeister" der Formel 1

Auch neun Jahre nach seinem frühen Tod vergöttert – Gilles Villeneuve in action

Am Steuer des McLaren-Porsche MP4/2 holte sich Niki Lauda 1984 den dritten WM-Titel

nuten in den Trümmern seines BRM auf Hilfe warten. Seither kämpfte er unermüdlich für eine Verbesserung der aktiven und passiven Sicherheit.

Fangzäune, Leitplanken, Anschnallgurte, verstärkte Überrollbügel und feuerfeste Berufskleidung gehören zu den Dingen, die aufgrund seines Drängens eingeführt und ständig verbessert wurden. Die damals von Stewart und Rindt eingeleiteten Maßnahmen machten die Formel 1 im Laufe der Jahre konstant sicherer, obwohl die Rennwagen in immer neuen Rekordzeiten bewegt wurden.

Der alte Kurs von Spa, der traumhaft schöne und fahrerisch anspruchsvolle Nürburgring und der durchaus vergleichbare Circuit Charade von Clermont-Ferrand gehören ebenso der Vergangenheit an wie die atmosphärisch großartige Rennstrecke am Montjuich oder die Dünenpiste von Zandvoort. Diese Kurse haben nicht überlebt, sie sind durch moderne, sichere Anlagen abgelöst worden, die als Neu- oder Umbauten entstanden.

Die stabile Bauweise der heutigen Rennwagen und die relativ sicheren Pisten erlauben den Piloten allerdings, zuweilen ein Auge zuzudrücken, wenn es kritische Situationen zu meistern gilt: Karambolagen, einst seltene Ausnahmen im Grand Prix-Sport, sind heute nahezu an der Tagesordnung. Weil die damit verbundenen Risiken relativ gering sind, lassen die Piloten im Infight manchmal fünf gerade sein.

In der Nachfolge von Stewart und Rindt waren es Männer wie Niki Lauda, Emerson Fittipaldi und James Hunt – in den 70ern holte sich dieses Triumvirat fünf Titel –, die sich für ein Sicherheitsplus am F 1-Arbeitsplatz weichenstellend einsetzten. Auch das vierte Jahrzehnt der WM, die 80er, schrieb PS-Geschichte: Die Turbo-Ära und die „Geburt" des inzwischen zum Klassiker gereiften Duells Prost contra Senna bleiben für immer mit dieser Dekade verbunden.

Technisch gesehen ist die Formel 1 ein unablässiger Versuch der Ingenieure, das Reglement bis an die Grenzen auszureizen. Die zeitweise gigantischen Heckflügel und gewaltige Lufthutzen, variable Bodenfreiheit, Ballastwassertanks, Dichtschürzen an den Unterseiten der Autos, das sechs-Rad-Monster Tyrrell P34, die „Staubsauger"-Konstruktion Brabham BT 46B oder das Chapman'sche Doppel-Chassis Jahrgang 1981 ließen die Funktionäre rotsehen. Die Schlupflöcher im Reglementnetz werden immer kleiner.

Auch die winzigsten Schlupflöcher werden jedoch unverändert ausgenutzt, um sich Vorteile zu verschaffen. Das zeigt die aktuelle Diskussion über das Rennbenzin. In den Hexenküchen der Mineralöl-Firmen werden Säfte gebraut, deren chemische Zusammensetzung die Phantasie der FISA-Funktionäre weit überschreitet. Auch dieses Hintertürchen wird demnächst verriegelt. ∎

BRABUS®

Tuning-Formel für Mercedes-Benz

BRABUS 6.0-32 · 300 kw / 408 PS   560 Nm

0-100 km / h 6,0 sec · V / max 290 km / h
je nach HA-Übersetzung und Fahrzeugausstattung

BRABUS Tuning an Mercedes-Benz · Kirchhellener Str. 246-265 · D-4250 Bottrop ·Telefon 0 20 41 / 99 09-0* · Telefax 0 20 41 / 99 09 44

Die Champions

1950

GB	Silverstone	Farina (I)	Alfa Romeo
MC	Monaco	Fangio (RA)	Alfa Romeo
USA(1)	Indianapolis	Parsons (USA)	Kurtis-Offenhauser
CH	Bern-Bremgarten	Farina (I)	Alfa Romeo
B	Spa-Francorchamps	Fangio (RA)	Alfa Romeo
F	Reims-Gueux	Fangio (RA)	Alfa Romeo
I	Monza	Farina (I)	Alfa Romeo

Dr. Giuseppe Farina, Weltmeister 1950

Der italienische Akademiker zählte bereits vor dem Zweiten Weltkrieg zu den besten Grand Prix-Fahrern. 1950 erlebte Dr. Giuseppe Farina, der allgemein auf den Namen Nino hörte, den Höhepunkt seiner langen Karriere – nicht weil er der stärkste Pilot war, sondern der beständigste. Nach dem Rückzug von Alfa Romeo zum Saisonende 1951 heuerte er als zweiter Mann hinter dem deutlich jüngeren Alberto Ascari bei Ferrari an. Zahlreiche Stürze unterbrachen immer wieder die Einsätze. Seinen letzten Grand Prix bestritt Farina 1955 in Belgien, wo er als Dritter abgewinkt wurde. 1966 starb Farina bei einem Straßenverkehrsunfall.

WELTMEISTER:
Giuseppe Farina (I) 30 P.
ZWEITER:
Juan-Manuel Fangio (RA) 27 P.
DRITTER:
Luigi Fagioli (I) 24 P.

1951

CH	Berne-Bremgarten	Fangio (RA)	Alfa Romeo
USA(1)	Indianapolis	Wallard (USA)	Kurtis-Offenhauser
B	Spa-Francorchamps	Farina (I)	Alfa Romeo
F	Reims-Gueux	Fangio(RA)/Fagioli(I)	Alfa Romeo
GB	Silverstone	Gonzalez (RA)	Ferrari
D	Nürburgring	Ascari (I)	Ferrari
I	Monza	Ascari (I)	Ferrari
E	Barcelona-Pedralbes	Fangio (RA)	Alfa Romeo

Juan-Manuel Fangio, Weltmeister 1951, 1954, 1955, 1956 und 1957

Respektvoll der Maestro genannt, ist der Argentinier zu einer lebenden Legende des Grand Prix-Sports geworden: fünf WM-Titel auf fünf verschiedenen Marken, 24 GP-Siege bei 51 Starts. Zwischen 1934 und 1948 zeigte Fangio sein Können ausschließlich in Südamerika. Er, 1911 geboren, war fast 40 Jahre alt, als er den Sprung nach Europa wagte und schon nach kurzer Zeit von Alfa Romeo verpflichtet wurde. Im Sommer 1958 verabschiedete sich Fangio in Reims, wo er sein Europa-Debut gegeben hatte, von der Formel 1. 1991 wird er 80 Jahre alt und gönnt sich allwöchentlich immer noch schnelle Runden auf einer Piste nahe seines Hauses in Balcarce.

WELTMEISTER:
Juan-Manuel Fangio (RA) 31 P.
ZWEITER:
Alberto Ascari (I) 25 P.
DRITTER:
José Froilan Gonzalez (RA) 24 P.

1952

CH(3)	Berne-Bremgarten	Taruffi (I)	Ferrari
USA(1)	Indianapolis	Ruttman (USA)	Kuzma-Offenhauser
B(3)	Spa-Francorchamps	Ascari (I)	Ferrari
F(3)	Rouen-les-Essarts	Ascari (I)	Ferrari
GB(3)	Silverstone	Ascari (I)	Ferrari
D(3)	Nürburgring	Ascari (I)	Ferrari
NL(3)	Zandvoort	Ascari (I)	Ferrari
I(3)	Monza	Ascari (I)	Ferrari

Alberto Ascari, Weltmeister 1952 und 1953

Der Sohn des Europameisters von 1925, Antonio Ascari, zählte zu den Naturtalenten des Autorennsports. Absolute Perfektion am Steuer war sein Markenzeichen. Die großen Erfolge erzielte der Ex-Motorradfahrer im Cockpit eines Ferrari Formel 2. Er war extrem abergläubisch, nahm sogar Umwege in Kauf, um schwarzen Katzen auszuweichen. In Führung liegend, stürzte Ascari 1955 in das Hafenbecken von Monte Carlo. Sein Lancia versank blitzartig, der bereits totgeglaubte Pilot tauchte jedoch auf und schwamm zu einem Rettungsboot! Nur wenige Tage später verunglückte er in Monza bei privaten Tests am Steuer eines ausgeliehenen Sportwagens tödlich.

WELTMEISTER:
Alberto Ascari (I) 36 P.
ZWEITER:
Giuseppe Farina (I) 25 P.
DRITTER:
Piero Taruffi (I) 22 P.

1953

RA(3)	Buenos Aires	Ascari (I)	Ferrari
USA(1)	Indianapolis	Vukovich (USA)	Kurtis Kraft-Offenh.
NL(3)	Zandvoort	Ascari (I)	Ferrari
B(3)	Spa-Francorchamps	Ascari (I)	Ferrari
F(3)	Reims-Gueux	Hawthorn (GB)	Ferrari
GB(3)	Silverstone	Ascari (I)	Ferrari
D(3)	Nürburgring	Farina (I)	Ferrari
CH(3)	Berne-Bremgarten	Ascari (I)	Ferrari
I(3)	Monza	Fangio (RA)	Maserati

WELTMEISTER: Alberto Ascari (I) 34,5 P.
ZWEITER: Juan-Manuel Fangio (RA) 28 P.
DRITTER: Giuseppe Farina (I) 26 P.

1954

RA	Buenos Aires	Fangio (RA)	Maserati
USA(1)	Indianapolis	Vukovich (USA)	Kurtis Kraft-Offenh.
B	Spa-Francorchamps	Fangio (RA)	Maserati
F	Reims-Gueux	Fangio (RA)	Mercedes-Benz
GB	Silverstone	Gonzalez (RA)	Ferrari
D	Nürburgring	Fangio (RA)	Mercedes-Benz
CH	Berne-Bremgarten	Fangio (RA)	Mercedes-Benz
I	Monza	Fangio (RA)	Mercedes-Benz
E	Barcelona-Pedralbes	Hawthorn (GB)	Ferrari

WELTMEISTER: Juan-Manuel Fangio (RA) 42 P.
ZWEITER: José Froilan Gonzalez (RA) 25 P.
DRITTER: Mike Hawthorn (GB) 24,5 P.

1955

RA	Buenos Aires	Fangio (RA)	Mercedes-Benz
MC	Monaco	Trintignant (F)	Ferrari
USA(1)	Indianapolis	Sweikert (USA)	Kurtis Kraft-Offenh.
B	Spa-Francorchamps	Fangio (RA)	Mercedes-Benz
NL	Zandvoort	Fangio (RA)	Mercedes-Benz
GB	Aintree	Moss (GB)	Mercedes-Benz
I	Monza	Fangio (RA)	Mercedes-Benz

WELTMEISTER: Juan-Manuel Fangio (RA) 40 P.
ZWEITER: Stirling Moss (GB) 23 P.
DRITTER: Eugenio Castellotti (I) 12 P.

1956

RA	Buenos Aires	Fangio(RA)/Musso(I)	Lancia-Ferrari
MC	Monaco	Moss (GB)	Maserati
USA(1)	Indianapolis	Flaherty (USA)	Watson-Offenhauser
B	Spa-Francorchamps	Collins (GB)	Lancia-Ferrari
F	Reims-Gueux	Collins (GB)	Lancia-Ferrari
GB	Silverstone	Fangio (RA)	Lancia-Ferrari
D	Nürburgring	Fangio (RA)	Lancia-Ferrari
I	Monza	Moss (GB)	Maserati

WELTMEISTER: Juan-Manuel Fangio (RA) 30 P.
ZWEITER: Stirling Moss (GB) 27 P.
DRITTER: Peter Collins (GB) 25 P.

1957

RA	Buenos Aires	Fangio (RA)	Maserati
MC	Monaco	Fangio (RA)	Maserati
USA(2)	Indianapolis	Hanks (USA)	Epperly-Offenhauser
F	Rouen-les-Essarts	Fangio (RA)	Maserati
GB	Aintree	Moss(GB)/Brooks(GB)	Vanwall
D	Nürburgring	Fangio (RA)	Maserati
I	Pescara	Moss (GB)	Vanwall
I	Monza	Moss (GB)	Vanwall

WELTMEISTER: Juan-Manuel Fangio (RA) 40 P.
ZWEITER: Stirling Moss (GB) 25 P.
DRITTER: Luigi Musso (I) 16 P.

1958

RA	Buenos Aires	Moss (GB)	Cooper-Climax
MC	Monaco	Trintignant (F)	Cooper-Climax
NL	Zandvoort	Moss (GB)	Vanwall
USA(2)	Indianapolis	Bryan (USA)	Epperly-Offenhauser
B	Spa-Francorchamps	Brooks (GB)	Vanwall
F	Reims-Gueux	Hawthorn (GB)	Ferrari
GB	Silverstone	Collins (GB)	Ferrari
D	Nürburgring	Brooks (GB)	Vanwall
P	Oporto-Boavista	Moss (GB)	Vanwall
I	Monza	Brooks (GB)	Vanwall
MA	Casablanca-Ain Diab	Moss (GB)	Vanwall

Mike Hawthorn, Weltmeister 1958

Der blonde Mann war so typisch britisch wie die königliche Familie im Buckingham Palace, oder der gefürchtete Plumpudding. Mike Hawthorn war Rennfahrer aus Leidenschaft, der auch abseits der Pisten jede Gelegenheit zu einer schnellen Spritztour wahrnahm. Er profitierte bei seinem WM-Sieg vom Pech seines Landsmanns Stirling Moss. Hawthorn, der am Steuer stets eine Fliege (!) trug, hatte am Ende ein einziges Pünktchen mehr. Kurze Zeit nach dem Titelgewinn gab er seinen Rücktritt vom Motorsport bekannt. Im Januar 1959 starb er in den Trümmern seines Autos an einem Straßenbaum – ein Lkw-Fahrer hatte das Tempo des Jaguar unterschätzt.

WELTMEISTER:
Mike Hawthorn (GB) 42 P.
ZWEITER:
Stirling Moss (GB) 41 P.
DRITTER:
Tony Brooks (GB) 24 P.

1959

MC	Monaco	Brabham (AUS)	Cooper-Climax
USA(2)	Indianapolis	Ward (USA)	Watson-Offenhauser
NL	Zandvoort	Bonnier (S)	BRM
F	Reims-Gueux	Brooks (GB)	Ferrari
GB	Aintree	Brabham (AUS)	Cooper-Climax
D	Avus-Berlin	Brooks (GB)	Ferrari
P	Lisboa-Monsanto	Moss (GB)	Cooper-Climax
I	Monza	Moss (GB)	Cooper-Climax
USA	Sebring	McLaren (NZ)	Cooper-Climax

Jack Brabham, Weltmeister 1959, 1960 und 1966

Wenn er mehr als fünf Sätze hintereinander sprach, durfte dies getrost als Rede eingestuft werden. Sein scheues Naturell stand einer größeren Popularität im Wege. Nur auf den Pisten legte der Australier „Black Jack" jede Zurückhaltung ab. Gestählt auf den Ovalbahnen seiner australischen Heimat, steckte er ein und teilte es aus. Zwei Titeln als Cooper-Werksfahrer folgte 1962 die Gründung eines eigenen Rennstalls – und eine sechsjährige Durststrecke. 1966 holte sich Jack Brabham seinen dritten WM-Triumph – auf einem Auto, das seinen Namen trug. 1970 trat er mit 44 Jahren zurück, obwohl er immer noch reelle Titelchancen hatte.

WELTMEISTER:
Jack Brabham (AUS) 31 P.
ZWEITER:
Tony Brooks (GB) 27 P.
DRITTER:
Stirling Moss (GB) 25,5 P.

1960

RA	Buenos Aires	McLaren (NZ)	Cooper-Climax
MC	Monaco	Moss (GB)	Lotus-Climax
USA(2)	Indianapolis	Rathmann (USA)	Watson-Offenhauser
NL	Zandvoort	Brabham (AUS)	Cooper-Climax
B	Spa-Francorchamps	Brabham (AUS)	Cooper-Climax
F	Reims-Gueux	Brabham (AUS)	Cooper-Climax
GB	Silverstone	Brabham (AUS)	Cooper-Climax
P	Oporto-Boavista	Brabham (AUS)	Cooper-Climax
I	Monza	P.Hill (USA)	Ferrari
USA	Riverside	Moss (GB)	Lotus-Climax

WELTMEISTER: Jack Brabham (AUS) 43 P.
ZWEITER: McLaren (NZ) 34 P.
DRITTER: Stirling Moss (GB) 19 P.

1961

MC	Monaco	Moss (GB)	Lotus-Climax
NL	Zandvoort	Von Trips (D)	Ferrari
B	Spa-Francorchamps	P.Hill (USA)	Ferrari
F	Reims-Gueux	Baghetti (I)	Ferrari
GB	Aintree	Von Trips (D)	Ferrari
D	Nürburgring	Moss (GB)	Lotus-Climax
I	Monza	P.Hill (USA)	Ferrari
USA	Watkins Glen	Ireland (GB)	Lotus-Climax

Phil Hill, Weltmeister 1961

Vermutlich fuhr zu keiner Zeit ein intelligenterer Pilot als Phil Hill professionell Autorennen. Der Kalifornier liebte seine langjährige Wahlheimat Italien. Vielleicht mehr wegen der Mailänder Scala als wegen der Nähe zu Ferrari. Enzo Ferrari setzte ihn zunächst als Sportwagenfahrer ein. Eine Monoposto-Chance erhielt der Amerikaner nur, weil seine Teamkollegen Luigi Musso und Peter Collins tödlich verunglückten. Seine große Stunde schlug 1961. Nur Phil Hill und der Deutsche Wolfgang Graf Berghe von Trips hatten auf ihren überlegenen Ferrari Titelchancen. Tragik: Graf Trips stürzte und starb – Phil Hill wurde Champion. Bis 1967 setzte er seine Karriere fort.

WELTMEISTER:
Phil Hill (USA) 34 P.
ZWEITER:
Graf Berghe von Trips (D) 33 P.
DRITTER:
Stirling Moss (GB) 21 P.

1962

NL	Zandvoort	G.Hill (GB)	BRM
MC	Monaco	McLaren (NZ)	Cooper-Climax
B	Spa-Francorchamps	Clark (GB)	Lotus-Climax
F	Rouen-les-Essarts	Gurney (USA)	Porsche
GB	Aintree	Clark (GB)	Lotus-Climax
D	Nürburgring	G.Hill (GB)	BRM
I	Monza	G.Hill (GB)	BRM
USA	Watkins Glen	Clark (GB)	Lotus-Climax
ZA	East London	G.Hill (GB)	BRM

Graham Hill, Weltmeister 1962 und 1968

Bis heute ist Graham Hill der einzige Fahrer, der sich den WM-Titel, den Sieg im 24-Stunden-Rennen von Le Mans und Amerikas Klassiker Indy 500 holte! Er fuhr von 1958 bis 1975 Formel 1-Rennen. Sein größter Triumph war sicherlich der zweite Titelgewinn: Im Todesjahr Jim Clarks half er dem Traditions-Team Lotus durch größten Einsatz über die Krise hinweg. Nach einem schweren Unfall in Watkins Glen 1969 schien die Karriere beendet, doch 1973 gründete Hill ein eigenes Team. Zwei Jahre später kam er, kurz nach seinem Rücktrittsentschluß, mit zahlreichen Mitgliedern seines Rennstalls bei einem Flugzeugabsturz ums Leben.

WELTMEISTER:
Graham Hill (GB) 42 P.
ZWEITER:
Jim Clark (GB) 30 P.
DRITTER:
McLaren (NZ) 27 P.

1963

MC	Monaco	G.Hill (GB)	BRM
B	Spa-Francorchamps	Clark (GB)	Lotus-Climax
NL	Zandvoort	Clark (GB)	Lotus-Climax
F	Reims-Gueux	Clark (GB)	Lotus-Climax
GB	Silverstone	Clark (GB)	Lotus-Climax
D	Nürburgring	Surtees (GB)	Ferrari
I	Monza	Clark (GB)	Lotus-Climax
USA	Watkins Glen	G.Hill (GB)	BRM
MEX	Mexico City	Clark (GB)	Lotus-Climax
ZA	East London	Clark (GB)	Lotus-Climax

Jim Clark, Weltmeister 1963 und 1965

Von 1962 bis 1967 führte der Weg zum Titel über einen Mann: Jim Clark. Wenn der Schotte in diesen Jahren nur zweimal Champion wurde, so lag dies an technischen Problemen seiner Autos. 1967, als Hulme den Titel holte, führte Clark jeden Grand Prix an – kam jedoch nicht immer ins Ziel. Vielleicht war Clark, der ausschließlich für Lotus fuhr, der stärkste Pilot aller Zeiten. Aus 72 Starts machte er 25 Siege und 33 Pole-Positions! Freundlich und nervös – wie heute Alain Prost kaute Clark seine Fingernägel gnadenlos – stand er im Alter von 32 Jahren auf dem Karriere-Gipfel, als er am 7. April 1968 auf dem Hockenheimring in den Trümmern eines F2-Lotus starb.

WELTMEISTER:
Jim Clark (GB) 54 P.
ZWEITER:
Graham Hill (GB) 29 P.
Richie Ginther (USA) 29 P.

1964

MC	Monaco	G.Hill (GB)	BRM
NL	Zandvoort	Clark (GB)	Lotus-Climax
B	Spa-Francorchamps	Clark (GB)	Lotus-Climax
F	Rouen-les-Essarts	Gurney (USA)	Brabham-Climax
GB	Brands Hatch	Clark (GB)	Lotus-Climax
D	Nürburgring	Surtees (GB)	Ferrari
A	Zeltweg Flughafen	Bandini (I)	Ferrari
I	Monza	Surtees (GB)	Ferrari
USA	Watkins Glen	G.Hill (GB)	BRM
MEX	Mexico City	Gurney (USA)	Brabham-Climax

John Surtees, Weltmeister 1964

Als ein Mann, der wegen seiner geradlinigen, undiplomatischen Art oft aneckte, hatte es John Surtees außerhalb des Cockpits schwer. Ein zweiter Titelgewinn war 1966 nahe, doch Ferrari ekelte ihn während der Saison aus dem Team. Auf dem klobigen Cooper-Maserati reichte es „nur" zur Vizemeisterschaft. Dabei hatte er sich ein Jahr zuvor bei einem CanAm-Rennen so schwere Verletzungen zugezogen, daß niemand mit seinem Comeback rechnete. Surtees fuhr bis 1970 und wechselte dann nahtlos vom Fahrer zum Chef eines eigenen Teams. Er scheiterte nach neun Jahren, weil er sich als Techniker überschätzte und keine Aufgabe aus der Hand geben wollte.

1965

ZA	East London	Clark (GB)	Lotus-Climax
MC	Monaco	G.Hill (GB)	BRM
B	Spa-Francorchamps	Clark (GB)	Lotus-Climax
F	Clermont-Ferrand-Char.	Clark (GB)	Lotus-Climax
GB	Silverstone	Clark (GB)	Lotus-Climax
NL	Zandvoort	Clark (GB)	Lotus-Climax
D	Nürburgring	Clark (GB)	Lotus-Climax
I	Monza	Stewart (GB)	BRM
USA	Watkins Glen	G.Hill (GB)	BRM
MEX	Mexico City	Ginther (USA)	Honda

WELTMEISTER: Jim Clark (GB) 54 P.
ZWEITER: Graham Hill (GB) 40 P.
DRITTER: Jackie Stewart (GB) 33 P.

1966

MC	Monaco	Stewart (GB)	BRM
B	Spa-Francorchamps	Surtees (GB)	Ferrari
F	Reims-Gueux	Brabham (AUS)	Brabham-Repco
GB	Brands Hatch	Brabham (AUS)	Brabham-Repco
NL	Zandvoort	Brabham (AUS)	Brabham-Repco
D	Nürburgring	Brabham (AUS)	Brabham-Repco
I	Monza	Scarfiotti (I)	Ferrari
USA	Watkins Glen	Clark (GB)	Lotus-BRM
MEX	Mexico City	Surtees (GB)	Cooper-Maserati

WELTMEISTER: Jack Brabham (AUS) 42 P.
ZWEITER: John Surtees (GB) 28 P.
DRITTER: Jochen Rindt (A) 22 P.

1967

ZA	Kyalami	Rodriguez (MEX)	Cooper-Maserati
MC	Monaco	Hulme (NZ)	Brabham-Repco
NL	Zandvoort	Clark (GB)	Lotus-Cosworth
B	Spa-Francorchamps	Gurnez (USA)	Eagle-Weslake
F	Le Mans-Bugatti	Brabham (AUS)	Brabham-Repco
GB	Silverstone	Clark (GB)	Lotus-Cosworth
D	Nürburgring	Hulme (NZ)	Brabham-Repco
CDN	Mosport	Brabham (AUS)	Brabham-Repco
I	Monza	Surtees (GB)	Honda
USA	Watkins Glen	Clark (GB)	Lotus-Cosworth
MEX	Mexico City	Clark (GB)	Lotus-Cosworth

Denis Hulme, Weltmeister 1967

Genau zehn Jahre lang, von 1965 bis 1974, war Denis Hulme Mitglied des Grand Prix-Zirkus. Nahezu scheu und skeptisch allem gegenüber, was seinen ruhigen Lebensrhythmus stören konnte, gehörte der Neuseeländer auch auf den Pisten zu den Biederen. Er holte sich seinen WM-Titel in einem unauffälligen, hausbackenen Stil. Unvergessen sind seine „philosophischen" Ausführungen. „Wer hier in Schwierigkeiten kommt, der kommt in Schwierigkeiten", antwortete er auf eine Frage nach der Strecken-Charakteristik des tückischen Kurses von Montjuich. Der Todessturz eines Freundes veranlaßte ihn Ende 1974, mit der Formel 1 Schluß zu machen.

WELTMEISTER:
Denis Hulme (NZ) 51 P.
ZWEITER:
Jack Brabham (AUS) 46 P.
DRITTER:
Jim Clark (GB) 41 P.

1968

ZA	Kyalami	Clark (GB)	Lotus-Cosworth
E	Madrid-Jarama	G.Hill (GB)	Lotus-Cosworth
MC	Monaco	G.Hill (GB)	Lotus-Cosworth
B	Spa-Francorchamps	McLaren (NZ)	McLaren-Cosworth
NL	Zandvoort	Stewart (GB)	Matra-Cosworth
F	Rouen-les-Essarts	Ickx (B)	Ferrari
GB	Brands Hatch	Siffert (CH)	Lotus-Cosworth
D	Nürburgring	Stewart (GB)	Matra-Cosworth
I	Monza	Hulme (NZ)	McLaren-Cosworth
CDN	Mont-Tremblant	Hulme (NZ)	McLaren-Cosworth
USA	Watkins Glen	Stewart (GB)	Matra-Cosworth
MEX	Mexico City	G.Hill (GB)	Lotus-Cosworth

WELTMEISTER: Graham Hill (GB) 48 P.
ZWEITER: Jackie Stewart (GB) 36 P.
DRITTER: Denis Hulme (NZ) 33 P.

1969

ZA	Kyalami	Stewart (GB)	Matra-Cosworth
E	Barcelona-Montjuich	Stewart (GB)	Matra-Cosworth
MC	Monaco	G.Hill (GB)	Lotus-Cosworth
NL	Zandvoort	Stewart (GB)	Matra-Cosworth
F	Clermont-Ferrand-Char.	Stewart (GB)	Matra-Cosworth
GB	Silverstone	Stewart (GB)	Matra-Cosworth
D	Nürburgring	Ickx (B)	Brabham-Cosworth
I	Monza	Stewart (GB)	Matra-Cosworth
CDN	Mosport	Ickx (B)	Brabham-Cosworth
USA	Watkins Glen	Rindt (A)	Lotus-Cosworth
MEX	Mexico City	Hulme (NZ)	McLaren-Cosworth

Jackie Stewart, Weltmeister 1969, 1971 und 1973

Er kam 1965 von der Formel 3 und stand schon im ersten Jahr auf dem Siegertreppchen der Formel 1. Als reiner Verstandes-Fahrer, im Sinne eines Niki Lauda oder Alain Prost, beherrschte er den Grand Prix-Sport von 1969 bis 1973. Wenn er 1970 und 1972 nicht Weltmeister wurde, so hatte dies Gründe: 1970 wechselte sein Team vom eher mäßigen Kunden-Auto (March) auf den ersten Tyrrell, 1972 quälte ihn ein Magengeschwür. Professionell bis in die – zeitweise weit von der Kopfhaut entfernten – Haarspitzen, verstand es „Jack the Hair", sein Fahrkönnen in klingende Münze umzuwandeln. Stewart trat auf dem Höhepunkt seiner Karriere zurück. Er blieb dem GP-Sport bis heute als TV- und PR-Mann treu.

WELTMEISTER:
Jackie Stewart (GB) 63 P.
ZWEITER:
Jacky Ickx (B) 37 P.
DRITTER:
McLaren (NZ) 26 P.

1970

ZA	Kyalami	Brabham (AUS)	Brabham-Cosworth
E	Madrid-Jarama	Stewart (GB)	March-Cosworth
MC	Monaco	Rindt (A)	Lotus-Cosworth
B	Spa-Francorchamps	Rodriguez (MEX)	BRM
NL	Zandvoort	Rindt (A)	Lotus-Cosworth
F	Clermont-Ferrand-Char.	Rindt (A)	Lotus-Cosworth
GB	Brands Hatch	Rindt (A)	Lotus-Cosworth
D	Hockenheim	Rindt (A)	Lotus-Cosworth
A	Zeltweg-Österreichring	Ickx (B)	Ferrari
I	Monza	Regazzoni (CH)	Ferrari
CDN	Mont-Tremblant	Ickx (B)	Ferrari
USA	Watkins Glen	E.Fittipaldi (BR)	Lotus-Cosworth
MEX	Mexico City	Ickx (B)	Ferrari

Jochen Rindt, Weltmeister 1970

Als der einzige posthum zum Champion erklärte Formel 1-Pilot ist der Deutsch-Österreicher in die Motorsportgeschichte eingegangen. Fünf Jahre lang trat er im Grand Prix-Sport vielversprechend auf, litt jedoch gleichzeitig unter einer Pechsträhne. Dann endlich, 1969 in Watkins Glen, siegte Jochen Rindt und 1970 platzte der Knoten: Jetzt hatten die anderen Pech und der Lotus-Fahrer gewann fünf Rennen. Während des Abschluß-Trainings zum GP von Italien stürzte am 5. September tödlich.

WELTMEISTER:
Jochen Rindt (A) 45 P.
ZWEITER:
Jacky Ickx (B) 40 P.
DRITTER:
Clay Regazzoni (CH) 33 P.

1971

ZA	Kyalami	Andretti (USA)	Ferrari
E	Barcelona-Montjuich	Stewart (GB)	Tyrrell-Cosworth
MC	Monaco	Stewart (GB)	Tyrrell-Cosworth
NL	Zandvoort	Ickx (B)	Ferrari
F	Le Castellet	Stewart (GB)	Tyrrell-Cosworth
GB	Silverstone	Stewart (GB)	Tyrrell-Cosworth
D	Nürburgring	Stewart (GB)	Tyrrell-Cosworth
A	Zeltweg-Österreichring	Siffert (CH)	BRM
I	Monza	Gethin (GB)	BRM
CDN	Mosport	Stewart (GB)	Tyrrell-Cosworth
USA	Watkins Glen	Cevert (F)	Tyrrell-Cosworth

WELTMEISTER: Jackie Stewart (GB) 62 P.
ZWEITER: Ronnie Peterson (S) 33 P.
DRITTER: Francois Cevert (F) 26 P.

1972

RA	Buenos Aires	Stewart (GB)	Tyrrell-Cosworth
ZA	Kyalami	Hulme (NZ)	McLaren-Cosworth
E	Madrid-Jarama	E.Fittipaldi (BR)	Lotus-Cosworth
MC	Monaco	Beltoise (F)	BRM
B	Nivelles-Baulers	E.Fittipaldi (BR)	Lotus-Cosworth
F	Clermont-Ferrand-Char.	Stewart (GB)	Tyrrell-Cosworth
GB	Brands Hatch	E.Fittipaldi (BR)	Lotus-Cosworth
D	Nürburgring	Ickx (B)	Ferrari
A	Zeltweg-Österreichring	E.Fittipaldi (BR)	Lotus-Cosworth
I	Monza	E.Fittipaldi (BR)	Lotus-Cosworth
CDN	Mosport	Stewart (GB)	Tyrrell-Cosworth
USA	Watkins Glen	Stewart (GB)	Tyrrell-Cosworth

Emerson Fittipaldi, Weltmeister 1972 und 1974

Schon sein viertes Formel 1-Rennen brachte dem brasilianischen Naturtalent den ersten Sieg. Nur zwei Jahre später, 1972, holte er sich im Alter von 25 Jahren als jüngster Champion aller Zeiten den Titel. Auch 1974 sammelte Emerson Fittipaldi die meisten Punkte, nachdem er von Lotus auf McLaren umgestiegen war. Es folgte die Gründung eines eigenen Teams und damit viel Frust. Formel 1-müde zog er sich zum Saisonende 1980 aus dem GP-Geschäft zurück. Heute gehört er im CART-Sport zu den Besten.

WELTMEISTER:
Emerson Fittipaldi (BR) 61 P.
ZWEITER:
Jackie Stewart (GB) 45 P.
DRITTER:
Denis Hulme (NZ) 39 P.

1973

RA	Buenos Aires	E.Fittipaldi (BR)	Lotus-Cosworth
BR	Interlagos	E.Fittipaldi (BR)	Lotus-Cosworth
ZA	Kyalami	Stewart (GB)	Tyrrell-Cosworth
E	Barcelona-Montjuich	E.Fittipaldi (BR)	Lotus-Cosworth
B	Zolder	Stewart (GB)	Tyrrell-Cosworth
MC	Monaco	Stewart (GB)	Tyrrell-Cosworth
S	Anderstorp	Hulme (NZ)	McLaren-Cosworth
F	Le Castellet	Peterson (S)	Lotus-Cosworth
GB	Silverstone	Revson (USA)	McLaren-Cosworth
NL	Zandvoort	Stewart (GB)	Tyrrell-Cosworth
D	Nürburgring	Stewart (GB)	Tyrrell-Cosworth
A	Zeltweg-Österreichring	Peterson (S)	Lotus-Cosworth
I	Monza	Peterson (S)	Lotus-Cosworth
CDN	Mosport	Revson (USA)	McLaren-Cosworth
USA	Watkins Glen	Peterson (S)	Lotus-Cosworth

WELTMEISTER: Jackie Stewart (GB) 71 P.
ZWEITER: Emerson Fittipaldi (BR) 55 P.
DRITTER: Ronnie Peterson (S) 52 P.

1974

RA	Buenos Aires	Hulme (NZ)	McLaren-Cosworth
BR	Interlagos	E.Fittipaldi (BR)	McLaren-Cosworth
ZA	Kyalami	Reutemann (RA)	Brabham-Cosworth
E	Madrid-Jarama	Lauda (A)	Ferrari
B	Nivelles-Baulers	E.Fittipaldi (BR)	McLaren-Cosworth
MC	Monaco	Peterson (S)	Lotus-Cosworth
S	Anderstorp	J.Scheckter (ZA)	Tyrrell-Cosworth
NL	Zandvoort	Lauda (A)	Ferrari
F	Dijon-Prenois	Peterson (S)	Lotus-Cosworth
GB	Brands Hatch	J.Scheckter (ZA)	Tyrrell-Cosworth
D	Nürburgring	Regazzoni (CH)	Ferrari
A	Zeltweg-Österreichring	Reutemann (RA)	Brabham-Cosworth
I	Monza	Peterson (S)	Lotus-Cosworth
CDN	Mosport	E.Fittipaldi (BR)	McLaren-Cosworth
USA	Watkins Glen	Reutemann (RA)	Brabham-Cosworth

WELTMEISTER: Emerson Fittipaldi (BR) 55 P.
ZWEITER: Clay Regazzoni (CH) 52 P.
DRITTER: Jody Scheckter (ZA) 45 P.

1975

RA	Buenos Aires	E.Fittipaldi (BR)	McLaren-Cosworth
BR	Interlagos	Pace (GB)	Brabham-Cosworth
ZA	Kyalami	J.Scheckter (ZA)	Tyrrell-Cosworth
E	Barcelona-Montjuich	Mass (D)	McLaren-Cosworth
MC	Monaco	Lauda (A)	Ferrari
B	Zolder	Lauda (A)	Ferrari
S	Anderstorp	Lauda (A)	Ferrari
NL	Zandvoort	Hunt (GB)	Hesketh-Cosworth
F	Le Castellet	Lauda (A)	Ferrari
GB	Silverstone	E.Fittipaldi (BR)	McLaren-Cosworth
D	Nürburgring	Reutemann (RA)	Brabham-Cosworth
A	Zeltweg-Österreichring	Brambilla (I)	March-Cosworth
I	Monza	Regazzoni (CH)	Ferrari
USA	Watkins Glen	Lauda (A)	Ferrari

Niki Lauda, Weltmeister 1975, 1977 und 1984

Mit einer gewagten Aktion, die ihn finanziell hätte ruinieren können, kaufte sich Niki Lauda 1972 bei March ein. 1974 saß er bereits im Ferrari-Cockpit und holte sich schon eine Saison später den Titel. Trotz eines schweren Unfalls konnte er diesen Erfolg 1977 und – nach einer Pause in den Jahren 1980 und 81 – 1984 wiederholen. Lauda zählte zu den ersten Piloten, die den GP-Sport als clevere Geschäftsleute betrieben. Seit 1986 ist er ausschließlich Chef der Fluggesellschaft „Lauda Air".

WELTMEISTER:
Niki Lauda (A) 64,5 P.
ZWEITER:
Emerson Fittipaldi (BR) 45 P.
DRITTER:
Carlos Reutemann (RA) 37 P.

1976

BR	Interlagos	Lauda (A)	Ferrari
ZA	Kyalami	Lauda (A)	Ferrari
USA	Long Beach	Regazzoni (CH)	Ferrari
E	Madrid-Jarama	Hunt (GB)	McLaren-Cosworth
B	Zolder	Lauda (A)	Ferrari
MC	Monaco	Lauda (A)	Ferrari
S	Anderstorp	J.Scheckter (ZA)	Tyrrell-Cosworth
F	Le Castellet	Hunt (GB)	McLaren-Cosworth
GB	Brands Hatch	Lauda (A)	Ferrari
D	Nürburgring	Hunt (GB)	McLaren-Cosworth
A	Zeltweg-Österreichring	Watson (GB)	Penske-Cosworth
NL	Zandvoort	Hunt (GB)	McLaren-Cosworth
I	Monza	Peterson (S)	March-Cosworth
CDN	Mosport	Hunt (GB)	McLaren-Cosworth
USA	Watkins Glen	Hunt (GB)	McLaren-Cosworth
J	Mont Fuji	Andretti (USA)	Lotus-Cosworth

James Hunt, Weltmeister 1976

Sein Mäzen Lord Alexander Hesketh hievte den wegen seiner vielen Crashs „James Shunt" genannten Briten 1973 aus der Formel 3 in die Formel 1. Zum McLaren-Werksfahrer aufgestiegen, konnte er Niki Lauda 1976 knapp im Duell um den Titel schlagen. Offensichtlich verlor der außergewöhnlich lebenslustige James Hunt 1979 die Freude am aktiven Motorsport, als Peterson in Monza tragisch verunglückte. Seitdem verfolgt er die Szene als TV-Kommentator und Kolumnist.

WELTMEISTER:
James Hunt (GB) 69 P.
ZWEITER:
Niki Lauda (A) 68 P.
DRITTER:
Jody Scheckter (ZA) 49 P.

1977

RA	Buenos Aires	J.Scheckter (ZA)	Wolf-Cosworth
BR	Interlagos	Reutemann (RA)	Ferrari
ZA	Kyalami	Lauda (A)	Ferrari
USA	Long Beach	Andretti (USA)	Lotus-Cosworth
E	Madrid-Jarama	Andretti (USA)	Lotus-Cosworth
MC	Monaco	J.Scheckter (ZA)	Wolf-Cosworth
B	Zolder	Nilsson (S)	Lotus-Cosworth
S	Anderstorp	Laffite (F)	Ligier-Matra
F	Dijon-Prenois	Andretti (USA)	Lotus-Cosworth
GB	Silverstone	Hunt (GB)	McLaren-Cosworth
D	Hockenheim	Lauda (A)	Ferrari
A	Zeltweg-Österreichring	Jones (AUS)	Shadow-Cosworth
NL	Zandvoort	Lauda (A)	Ferrari
I	Monza	Andretti (USA)	Lotus-Cosworth
USA	Watkins Glen	Hunt (GB)	McLaren-Cosworth
CDN	Mosport	J.Scheckter (ZA)	Wolf-Cosworth
J	Mont Fuji	Hunt (GB)	McLaren-Cosworth

WELTMEISTER: Niki Lauda (A) 72 P.
ZWEITER: Jody Scheckter (ZA) 55 P.
DRITTER: Mario Andretti (USA) 47 P.

1978

RA	Buenos Aires	Andretti (USA)	Lotus-Cosworth
BR	Rio-Jacarepagua	Reutemann (RA)	Ferrari
ZA	Kyalami	Peterson (S)	Lotus-Cosworth
USA	Long Beach	Reutemann (RA)	Ferrari
MC	Monaco	Depailler (F)	Tyrrell-Cosworth
B	Zolder	Andretti (USA)	Lotus-Cosworth
E	Madrid-Jarama	Andretti (USA)	Lotus-Cosworth
S	Anderstorp	Lauda (A)	Brabham-Alfa Romeo
F	Le Castellet	Andretti (USA)	Lotus-Cosworth
GB	Brands Hatch	Reutemann (RA)	Ferrari
D	Hockenheim	Andretti (USA)	Lotus-Cosworth
A	Zeltweg-Österreichring	Peterson (S)	Lotus-Cosworth
NL	Zandvoort	Andretti (USA)	Lotus-Cosworth
I	Monza	Lauda (A)	Brabham-Alfa Romeo
USA	Watkins Glen	Reutemann (RA)	Ferrari
CDN	Montréal	Villeneuve (CDN)	Ferrari

Mario Andretti, Weltmeister 1978

Schon als Kind begeisterte sich Mario Andretti in seiner italienischen Heimat für den Autorennsport. Nachdem seine Familie in die USA ausgewandert war, entwickelte er sich geradlinig vom Club-Sportler zu einem der besten amerikanischen Piloten. Nur zögernd verlagerte er sein Standbein von der CART-Serie in die Formel 1, obwohl ihm bereits beim Debut die Pole-Position gelang. Nach zwölf Siegen und dem Titelgewinn 1978 zog sich Andretti 1983 wieder in die CART-Szene zurück.

WELTMEISTER:
Mario Andretti (USA) 64 P.
ZWEITER:
Ronnie Peterson (S) 51 P.
DRITTER:
Carlos Reutemann (RA) 48 P.

1979

RA	Buenos Aires	Laffite (F)	Ligier-Cosworth
BR	Interlagos	Laffite (F)	Ligier-Cosworth
ZA	Kyalami	Villeneuve (CDN)	Ferrari
USA	Long Beach	Villeneuve (CDN)	Ferrari
E	Madrid-Jarama	Depailler (F)	Ligier-Cosworth
B	Zolder	J.Scheckter (ZA)	Ferrari
MC	Monaco	J.Scheckter (ZA)	Ferrari
F	Dijon-Prenois	Jabouille (F)	Renault Turbo
GB	Silverstone	Regazzoni (CH)	Williams-Cosworth
D	Hockenheim	Jones (AUS)	Williams-Cosworth
A	Zeltweg-Österreichring	Jones (AUS)	Williams-Cosworth
NL	Zandvoort	Jones (AUS)	Williams-Cosworth
I	Monza	J.Scheckter (ZA)	Ferrari
CDN	Montréal	Jones (AUS)	Williams-Cosworth
USA	Watkins Glen	Villeneuve (CDN)	Ferrari

Jody Scheckter, Weltmeister 1979

Wie ein Komet stieg der Südafrikaner nach seinem Europa-Debut 1971 bis in die Formel 1 auf. Wenige glaubten an eine lange Karriere, denn Jody Scheckter fehlte es an Routine, sein hohes Tempo hundertprozentig zu kontrollieren. Erst Mitte der 70er Jahre begann er, seine aggressive Fahrweise zu beherrschen. Er siegte auf Tyrrell und Wolf, bevor ihn Ferrari engagierte. Entgegen allen Erwartungen holte er 1979 den Titel für die Italiener, beendete aber bereits ein Jahr später seine Laufbahn.

WELTMEISTER:
Jody Scheckter (ZA) 51 P.
ZWEITER:
Gilles Villeneuve (CDN) 47 P.
DRITTER:
Alan Jones (AUS) 40 P.

1980

RA	Buenos Aires	Jones (AUS)	Williams-Cosworth
BR	Interlagos	Arnoux (F)	Renault Turbo
ZA	Kyalami	Arnoux (F)	Renault Turbo
USA	Long Beach	Piquet (BR)	Brabham-Cosworth
B	Zolder	Pironi (F)	Ligier-Cosworth
MC	Monaco	Reutemann (RA)	Williams-Cosworth
F	Le Castellet	Jones (AUS)	Williams-Cosworth
GB	Brands Hatch	Jones (AUS)	Williams-Cosworth
D	Hockenheim	Laffite (F)	Ligier-Cosworth
A	Zeltweg-Österreichring	Jabouille (F)	Renault Turbo
NL	Zandvoort	Piquet (BR)	Brabham-Cosworth
I	Imola	Piquet (BR)	Brabham-Cosworth
CDN	Montréal	Jones (AUS)	Williams-Cosworth
USA	Watkins Glen	Jones (AUS)	Williams-Cosworth

Alan Jones, Weltmeister 1980

Mehr Kämpfer als Virtuose, galt der Australier lange als Außenseiter. Durch einen glücklichen Sieg auf Shadow 1977 in Österreich empfahl er sich bei Williams, und als Spezialist für Ground-Effekt-Autos stand der exzellente Reifentester schon drei Jahre später im Endklassement ganz oben. Von 1982 bis 1985 bestritt er nur vier Rennen, dann ging er noch einmal in die Vollen, scheiterte jedoch an der fehlenden Zuverlässigkeit des Lola-Ford und verabschiedete sich endgültig von der Formel 1.

WELTMEISTER:
Alan Jones (AUS) 67 P.
ZWEITER:
Nelson Piquet (BR) 54 P.
DRITTER:
Carlos Reutemann (RA) 42 P.

1981

USA	Long Beach	Jones (AUS)	Williams-Cosworth
BR	Rio-Jacarepagua	Reutemann (RA)	Williams-Cosworth
RA	Buenos Aires	Piquet (BR)	Brabham-Cosworth
RSM	Imola	Piquet (BR)	Brabham-Cosworth
B	Zolder	Reutemann (RA)	Williams-Cosworth
MC	Monaco	Villeneuve (CDN)	Ferrari Turbo
E	Madrid-Jarama	Villeneuve (CDN)	Ferrari Turbo
F	Dijon-Prenois	Prost (F)	Renault Turbo
GB	Silverstone	Watson (GB)	McLaren-Cosworth
D	Hockenheim	Piquet (BR)	Brabham-Cosworth
A	Zeltweg-Österreichring	Laffite (F)	Ligier-Matra
NL	Zandvoort	Prost (F)	Renault Turbo
I	Monza	Prost (F)	Renault Turbo
CDN	Montréal	Laffite (F)	Ligier-Matra
USA	Las Vegas-Caesars Pal.	Jones (AUS)	Williams-Cosworth

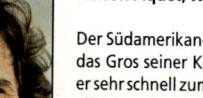

Nelson Piquet, Weltmeister 1981, 1983 und 1987

Der Südamerikaner liebt seinen Sport vermutlich mehr als das Gros seiner Kollegen. Als „Schüler" Niki Laudas stieg er sehr schnell zum Spitzenfahrer auf und hält sich nun seit elf Jahren im kleinen Kreis der Besten. Nur in den „Lotus-Jahren" 1988/89 konnte der dreifache Champion sein Ausnahmetalent materialbedingt nicht richtig in Szene setzen. Nelson Piquet ist einer der humorvollsten Fahrer, und trotz seines großen Engagements sieht er den Sport nicht mit dem Bierernst vieler Kollegen.

WELTMEISTER:
Nelson Piquet (BR) 50 P.
ZWEITER:
Carlos Reutemann (RA) 49 P.
DRITTER:
Alan Jones (AUS) 46 P.

1982

ZA	Kyalami	Prost (F)	Renault Turbo
BR	Rio-Jacarepagua	Prost (F)	Renault Turbo
USA	Long Beach	Lauda (A)	McLaren-Cosworth
RSM	Imola	Pironi (F)	Ferrari Turbo
B	Zolder	Watson (GB)	McLaren-Cosworth
MC	Monaco	Patrese (I)	Brabham-Cosworth
USA	Detroit	Watson (GB)	McLaren-Cosworth
CDN	Montréal	Piquet (BR)	Brabham-BMW Turbo
NL	Zandvoort	Pironi (F)	Ferrari Turbo
GB	Brands Hatch	Lauda (A)	McLaren-Cosworth
F	Le Castellet	Arnoux (F)	Renault Turbo
D	Hockenheim	Tambay (F)	Ferrari Turbo
A	Zeltweg-Österreichring	De Angelis (I)	Lotus-Cosworth
CH	Dijon-Prenois	Rosberg (SF)	Williams-Cosworth
I	Monza	Arnoux (F)	Renault Turbo
USA	Las Vegas-Caesars Pal.	Alboreto (I)	Tyrrell-Cosworth

Keke Rosberg, Weltmeister 1982

Wie der Champion des Jahres 1958, Mike Hawthorn, brachte auch der Finne das Kunststück fertig, sich den Titel mit nur einem einzigen Sieg zu holen. Keke Rosberg erhielt nach frustrierenden Jahren seine große Chance, als Carlos Reutemann überraschend zurücktrat. Von Frank Williams als Notnagel verpflichtet, bedankte sich der Skandinavier prompt mit dem Titelgewinn. Zum Saisonende 1986 kehrte er dem Rennsport den Rücken, kam jedoch im Herbst 1990 als Gruppe C-Pilot zurück.

WELTMEISTER:
Keke Rosberg (SF) 44 P.
ZWEITE:
Didier Pironi (F) 39 P.
John Watson (GB) 39 P.

1983

BR	Rio-Jacarepagua	Piquet (BR)	Brabham-BMW Turbo
USA	Long Beach	Watson (GB)	McLaren-Cosworth
F	Le Castellet	Prost (F)	Renault Turbo
RSM	Imola	Tambay (F)	Ferrari Turbo
MC	Monaco	Rosberg (SF)	Williams-Cosworth
B	Spa-Francorchamps	Prost (F)	Renault Turbo
USA	Detroit	Alboreto (I)	Tyrrell-Cosworth
CDN	Montréal	Arnoux (F)	Ferrari Turbo
GB	Silverstone	Prost (F)	Renault Turbo
D	Hockenheim	Arnoux (F)	Ferrari Turbo
A	Zeltweg-Österreichring	Prost (F)	Renault Turbo
NL	Zandvoort	Arnoux (F)	Ferrari Turbo
I	Monza	Piquet (BR)	Brabham-BMW Turbo
EUROPA	Brands Hatch	Piquet (BR)	Brabham-BMW Turbo
ZA	Kyalami	Patrese (I)	Brabham-BMW Turbo

WELTMEISTER: Nelson Piquet (BR) 59 P.
ZWEITER: Alain Prost (F) 57 P.
DRITTER: René Arnoux (F) 49 P.

1984

BR	Rio-Jacarepagua	Prost (F)	McLarenTAG/Porsche
ZA	Kyalami	Lauda (A)	McLarenTAG/Porsche
B	Zolder	Alboreto (I)	Ferrari
RSM	Imola	Prost (F)	McLarenTAG/Porsche
F	Dijon-Prenois	Lauda (A)	McLarenTAG/Porsche
MC	Monaco	Prost (F)	McLarenTAG/Porsche
CDN	Montréal	Piquet (BR)	Brabham-BMW Turbo
USA	Detroit	Piquet (BR)	Brabham-BMW Turbo
USA	Dallas	Rosberg (SF)	Williams-Honda
GB	Brands Hatch	Lauda (A)	McLarenTAG/Porsche
D	Hockenheim	Prost (F)	McLarenTAG/Porsche
A	Zeltweg-Österreichring	Lauda (A)	McLarenTAG/Porsche
NL	Zandvoort	Prost (F)	McLarenTAG/Porsche
I	Monza	Lauda (A)	McLarenTAG/Porsche
EUROPA	Nürburgring	Prost (F)	McLarenTAG/Porsche
P	Estoril	Prost (F)	McLarenTAG/Porsche

WELTMEISTER: Niki Lauda (A) 72 P.
ZWEITER: Alain Prost (F) 71,5 P.
DRITTER: Elio De Angelis (I) 34 P.

1985

BR	Rio-Jacarepagua	Prost (F)	McLarenTAG/Porsche
P	Estoril	Senna (BR)	Lotus-Renault
RSM	Imola	De Angelis (I)	Lotus-Renault
MC	Monaco	Prost (F)	McLarenTAG/Porsche
CDN	Montréal	Alboreto (I)	Ferrari
USA	Detroit	Rosberg (SF)	Williams-Honda
F	Le Castellet	Piquet (BR)	Brabham-BMW
GB	Silverstone	Prost (F)	McLarenTAG/Porsche
D	Nürburgring	Alboreto (I)	Ferrari
A	Zeltweg-Österreichring	Prost (F)	McLarenTAG/Porsche
NL	Zandvoort	Lauda (A)	McLarenTAG/Porsche
I	Monza	Prost (F)	McLarenTAG/Porsche
B	Spa-Francorchamps	Senna (BR)	Lotus-Renault
EUROPA	Brands Hatch	Mansell (GB)	Williams-Honda
ZA	Kyalami	Mansell (GB)	Williams-Honda
AUS	Adelaide	Rosberg (SF)	Williams-Honda

Alain Prost, Weltmeister 1985, 1986 und 1989

Unbestritten zählt der Franzose zu den besten Formel 1-Fahrern aller Zeiten. Nur kurz dauerte seine Sturm-und-Drang-Zeit. Seine ebenso besonnene wie schnelle Fahrweise setzt den Maßstab für Qualität. Dreimal wurde er Weltmeister, keiner siegte häufiger als Alain Prost und niemand holte mehr WM-Punkte – doch sein Ehrgeiz ist noch nicht befriedigt: Prost hat seine Karriere auf unbestimmte Zeit verlängert, denn er will fünf Titel erringen und damit Fangios Fabelrekord einstellen.

WELTMEISTER:
Alain Prost (F) 73 P.
ZWEITER:
Michele Alboreto (I) 53 P.
DRITTER:
Keke Rosberg (SF) 40 P.

1986

BR	Rio-Jacarepagua	Piquet (BR)	Williams-Honda Turbo
E	Jerez de la Frontera	Senna (BR)	Lotus-Renault Turbo
RSM	Imola	Prost (F)	McLarenTAG/Porsche
MC	Monaco	Prost (F)	McLarenTAG/Porsche
B	Spa-Francorchamps	Mansell (GB)	Williams-Honda Turbo
CDN	Montréal	Mansell (GB)	Williams-Honda Turbo
USA	Detroit	Senna (BR)	Lotus-Renault Turbo
F	Le Castellet	Mansell (GB)	Williams-Honda Turbo
GB	Brands Hatch	Mansell (GB)	Williams-Honda Turbo
D	Hockenheim	Piquet (BR)	Williams-Honda Turbo
H	Hungaroring	Piquet (BR)	Williams-Honda Turbo
A	Zeltweg-Österreichring	Prost (F)	McLarenTAG/Porsche
I	Monza	Piquet (BR)	Williams-Honda Turbo
P	Estoril	Mansell (GB)	Williams-Honda Turbo
MEX	Mexico City	Berger (A)	Benetton-BMW Turbo
AUS	Adelaide	Prost (F)	McLarenTAG/Porsche

WELTMEISTER: Alain Prost (F) 72 P.
ZWEITER: Nigel Mansell (GB) 70 P.
DRITTER: Nelson Piquet (BR) 69 P.

1987

BR	Rio-Jacarepagua	Prost (F)	McLarenTAG/Porsche
RSM	Imola	Mansell (GB)	Williams-Honda Turbo
B	Spa-Francorchamps	Prost (F)	McLarenTAG/Porsche
MC	Monaco	Senna (BR)	Lotus-Honda Turbo
USA	Detroit	Senna (BR)	Lotus-Honda Turbo
F	Le Castellet	Mansell (GB)	Williams-Honda Turbo
GB	Silverstone	Mansell (GB)	Williams-Honda Turbo
D	Hockenheim	Piquet (BR)	Williams-Honda Turbo
H	Hungaroring	Piquet (BR)	Williams-Honda Turbo
A	Zeltweg-Österreichring	Mansell (GB)	Williams-Honda Turbo
I	Monza	Piquet (BR)	Williams-Honda Turbo
P	Estoril	Prost (F)	McLarenTAG/Porsche
E	Jerez de la Frontera	Mansell (GB)	Williams-Honda Turbo
MEX	Mexico City	Mansell (GB)	Williams-Honda Turbo
J	Suzuka	Berger (A)	Ferrari Turbo
AUS	Adelaide	Berger (A)	Ferrari Turbo

WELTMEISTER: Nelson Piquet (BR) 73 P.
ZWEITER: Nigel Mansell (GB) 61 P.
DRITTER: Ayrton Senna (BR) 57 P.

1988

BR	Rio-Jacarepagua	Prost (F)	McLaren-Honda Turbo
RSM	Imola	Senna (BR)	McLaren-Honda Turbo
MC	Monaco	Prost (F)	McLaren-Honda Turbo
MEX	Mexico City	Prost (F)	McLaren-Honda Turbo
CDN	Montréal	Senna (BR)	McLaren-Honda Turbo
USA	Detroit	Senna (BR)	McLaren-Honda Turbo
F	Le Castellet	Prost (F)	McLaren-Honda Turbo
GB	Silverstone	Senna (BR)	McLaren-Honda Turbo
D	Hockenheim	Senna (BR)	McLaren-Honda Turbo
H	Hungaroring	Senna (BR)	McLaren-Honda Turbo
B	Spa-Francorchamps	Senna (BR)	McLaren-Honda Turbo
I	Monza	Berger (A)	Ferrari Turbo
P	Estoril	Prost (F)	McLaren-Honda Turbo
E	Jerez de la Frontera	Prost (F)	McLaren-Honda Turbo
J	Suzuka	Senna (BR)	McLaren-Honda Turbo
AUS	Adelaide	Prost (F)	McLaren-Honda Turbo

Ayrton Senna, Weltmeister 1988 und 1990

Der Brasilianer galt schon in seiner Formel 3-Zeit als kommender Weltmeister, und diesen Vorschuß-Lorbeeren wurde er im fünften Jahr seiner Formel 1-Karriere gerecht. Was Fahrzeugkontrolle und schieres Tempo betrifft, kann zur Zeit keiner Ayrton Senna das Wasser reichen. Seine einzige Schwäche ist die zuweilen hitzköpfige Ungeduld, die ihn des öfteren wertvolle Punkte kostete. Unübersehbar arbeitet der geradezu besessen engagierte Südamerikaner daran, diesen Makel zu beseitigen.

WELTMEISTER:
Ayrton Senna (BR) 90 P.
ZWEITER:
Alain Prost (F) 87 P.
DRITTER:
Gerhard Berger (A) 41 P.

1989

BR	Rio-Jacarepagua	Mansell (GB)	Ferrari
RSM	Imola	Senna (BR)	McLaren-Honda
MC	Monaco	Senna (BR)	McLaren-Honda
MEX	Mexico City	Senna (BR)	McLaren-Honda
USA	Phoenix	Prost (F)	McLaren-Honda
CDN	Montréal	Boutsen (B)	Williams-Renault
F	Le Castellet	Prost (F)	McLaren-Honda
GB	Silverstone	Prost (F)	McLaren-Honda
D	Hockenheim	Senna (BR)	McLaren-Honda
H	Hungaroring	Mansell (GB)	Ferrari
B	Spa-Francorchamps	Senna (BR)	McLaren-Honda
I	Monza	Prost (F)	McLaren-Honda
P	Estoril	Berger (A)	Ferrari
E	Jerez de la Frontera	Senna (BR)	McLaren-Honda
J	Suzuka	Nannini (I)	Benetton-Ford
AUS	Adelaide	Boutsen (B)	Williams-Renault

WELTMEISTER: Alain Prost (F) 76 P.
ZWEITER: Ayrton Senna (BR) 60 P.
DRITTER: Riccardo Patrese (I) 40 P.

1990

USA	Phoenix	Senna (BR)	McLaren-Honda
BR	Interlagos	Prost (F)	Ferrari
RSM	Imola	Patrese (I)	Williams-Renault
MC	Monaco	Senna (BR)	McLaren-Honda
CDN	Montréal	Senna (BR)	McLaren-Honda
MEX	Mexiko City	Prost (F)	Ferrari
F	Le Castellet	Prost (F)	Ferrari
GB	Silverstone	Prost (F)	Ferrari
D	Hockenheim	Senna (BR)	McLaren-Honda
H	Hungaroring	Boutsen (B)	Williams-Renault
B	Spa-Francorchamps	Senna (BR)	McLaren-Honda
I	Monza	Senna (BR)	McLaren-Honda
P	Estoril	Mansell (GB)	Ferrari
E	Jerez de la Frontera	Prost (F)	Ferrari
J	Suzuka	Piquet (BR)	Benetton-Ford
AUS	Adelaide	Piquet (BR)	Benetton-Ford

WELTMEISTER: Ayrton Senna (BR) 78 P.
ZWEITER: Alain Prost (F) 71 P.
DRITTER: Nelson Piquet (BR) 43 P.

Nationalitäten:

A	Österreich
AUS	Australien
B	Belgien
BR	Brasilien
CDN	Kanada
CH	Schweiz
D	Deutschland
E	Spanien
F	Frankreich
GB	Großbritannien
I	Italien
J	Japan
MA	Marokko
MC	Monaco
MEX	Mexiko
NL	Niederlande
NZ	Neuseeland
P	Portugal
RA	Argentinien
RSM	San Marino
S	Schweden
SF	Finnland
USA	Vereinigte Staaten
ZA	Südafrika

Einige Rennen wurden nicht unter der Bezeichnung „Formel 1" durchgeführt, sondern als:
(1) „Formel International";
(2) „Formel Indianapolis";
(3) „Formel 2".

Gesucht:

Der Pilot

**Neue Fahrer braucht das Land.
Gemeinsam mit Renault will RTLplus
einen deutschen
Formel 1-Fahrer aufbauen**

Am 24. März 1991 hatte die deutsche Formel Renault Premiere auf dem Hockenheimring. Die aufwendig konstruierten Boliden werden von einem modifizierten Renault 21-Aggregat getrieben. Es leistet etwa 130 PS und bringt den Wagen auf 230 km/h

◀ *Joachim Beule aus Hagen setzte sich gleich beim ersten Lauf an die Spitze und siegte gegen die internationale, teilweise weitaus erfahrenere Konkurrenz. Mit sieben anderen jungen Männern und einem Mädchen hofft der 23jährige, in einigen Jahren in der Formel 1 fahren zu können*

Sporthochschule Köln. Anfang März 1991 sitzen acht junge Männer und ein neunzehnjähriges Mädchen im Vorzimmer von Prof. Rost. Ein gründlicher Gesundheitscheck steht an. „Vorbildlich und verantwortungsbewußt", urteilt der Leiter des weltweit anerkannten Instituts. „Denn das Ziel, das Sie sich gesteckt haben, erfordert nicht nur ein großes Talent, sondern auch einen gesunden Körper und ein sicheres Reaktionsvermögen."

Ihr Ziel haben die jungen Leute kurz zuvor in einem Warm-up-Gespräch definiert. Einer ein bißchen zögerlich: „Möglichst weit nach oben zu kommen." Ein anderer dagegen klar und auf den Punkt gebracht: „Ich will in die Formel 1."

Rolf Schmidt, grauhäuptiger Rennleiter der Deutschen Renault, hat sie der Reihe nach fixiert. „Sie werden Opfer bringen müssen", hat er gesagt. „Sie müssen alle anderen persönlichen Wünsche diesem Ziel unterordnen. Eine schriftliche Garantie kann ich Ihnen nicht geben. Aber ich verspreche Ihnen: spätestens in vier Jahren wird einer von Ihnen in der Formel 1 fahren."

Noch jemand ist da guten Mutes: Dr. Helmut Thoma, Chef von RTLplus. Nach Vorlage des Konzepts befand er: „Das verspricht Spannung. Wir verfolgen den Weg der jungen Leute." Ehe der Sender zum Grand Prix schaltet, steht jedesmal ein Bericht über die aktuellen Rennen der Formel Renault im Programm.

Zur Zeit hat ein deutscher Fahrer in der Formel 1 die Raritätsrate eines weißen Elefanten. Aber Rennleiter Rolf Schmidt ist kein Mensch, der nach Illusionen hangelt: „Wir übernehmen in Deutschland voll ein System das sich in Frankreich bewährt hat. Dort wurden in zwanzig Jahren über die Formel Renault zwölf Fahrer zur Formel 1 geführt."

Namen mit großem Klang: Jean Alesi, Erik Comas, Jacques Laffite, Alain Ferté, Yannick Dalmas, Patrick Tambay, Philippe Streiff, Jean Ragnotti, Philippe Alliot, René Arnoux, Eric Bernard, – und sogar ein dreifacher Weltmeister: Alain Prost. Ein Weltmeister übrigens, der noch heute jedem Nachwuchsfahrer rät: „Mach's wie ich, fang in der Formel Renault an."

Bislang stand sie nur französischen Fahrern offen. Seit 1989 beteiligen sich die Briten an dieser Nachwuchsformel, ab 1991 nun auch – neben den Spaniern, den Belgiern und den Niederländern – die Deutschen.

Rennleiter Schmidt: „Die Formel Renault steht im Prinzip jedem offen. Aber wir haben neun Fahrer ausgewählt, die wir besonders fördern."

Nach welchem Kriterium? „Das wichtigste ist Talent", sagt er. „Das zweitwichtigste das Alter. Wer bei uns anfängt, muß jünger als 24 Jahre sein. Denn der Weg in die Formel 1 wird vier bis fünf Jahre dauern."

Von den etwa dreissig Teilnehmern, die 1991 in die deutsche Formel Renault einsteigen, haben

Alle Wagen der deutschen Formel Renault tragen das Logo von RTLplus

neun ein späteres Geburtsjahr als 1967 im Ausweis stehen. Jene neun, die sich im März in der Sporthochschule auf dem Hometrainer abstrampelten, die der Ärztin die Zunge rausstreckten, sich Blut abzapfen ließen und auf Farbtafeln nach versteckten Zahlen fahndeten.

U 24 nennt Renault sein rasendes Klassenzimmer, das von März bis Oktober zehnmal gegeneinander und gegen internationale Konkurrenz aufs Gas tritt. Der U 24-Sieger aus den ersten drei Rennen wird auf die berühmte Rennfahrerschule „Ecole Winfield" geschickt. Sie hat ihren Sitz in Südfrankreich und benutzt als Übungskurs die Grand Prix-Strecke von Le Castellet. Zwei Tage lang wird in Theorie und Praxis das Einmaleins des Rennfahrens gepaukt; überwiegend in englischer Sprache und auf Wagen der Formel Renault.

Drei Rennen später wird ein weiterer Nachwuchsfahrer ausgeschaut und zur Schulung geschickt; und zu guter Letzt ein dritter. Gnadenlos hetzt die Schule dann das Trio aufeinander. Die drei fahren um die Wette gegen die Uhr. Der schnellste rückt der Formel 1 gleich meterweit näher.

RTL gibt ihm den Titel „Pilot RTLplus" und wird seine Karriere unterstützen. Der „Pilot RTLplus" muß allerdings noch einmal „doppeln". Daß heißt: Er fährt ein weiteres Jahr in der Formel Renault. „Bleibt er dabei regelmäßig unter den ersten drei", so Rennleiter Rolf Schmidt, „wird es uns mit Sicherheit gelingen, ihn über die Formel 3 und später 3000 oder einen Formel 1-Testfahrervertrag in die Formel 1 zu bringen."

Stets dabei: Renn-Arzt Dr. Junold (links, neben Renault-Rennleiter Rolf Schmidt)

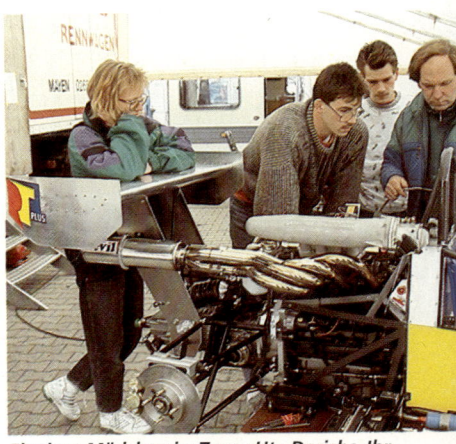
Einziges Mädchen im Team: Ute Derichs. Ihr Vater Erwin (r.) konstruierte Utes Wagen

Wichtig, so der Rennprofi, sei allerdings nicht nur das Fahrtalent und der Ehrgeiz: „Wichtig ist auch die persönliche Ausstrahlung, das Auftreten." Es wird vieles verlangt: Eine gute Rhetorik, Sicherheit im Umgang mit Journalisten, ein fließendes Englisch.

Und schließlich die Gabe, andere von seinem Talent zu überzeugen. Nichts ist wichtiger. Denn ohne Sponsoren-Gelder wird kein Zwanzigjähriger eine Saison überstehen.

Womit wir beim Thema Kosten wären. „Ein Formel Renault-Wagen", sagt Rolf Schmidt, „kostet runde 50.000 Mark."

Aber damit ist es ja nicht getan: die Reifen kommen hinzu, Ersatzteile, Reparaturen, schließlich die Reisespesen und die Kosten für das Team. Schmidt: „Wenn man alles selber macht, muß man mit weiteren 50.000 Mark

rechnen. Wer ein gutes Team hinter sich hat, braucht 150.000 Mark zusätzlich zum Wagenpreis."

Ohne Geld geht im gesamten Rennsport nichts, und so gesehen fallen diese Gelder noch unter die Rubrik Sonderangebot. In der Formel 3, der ersten Stufe des Vollprofis, sind 500.000 Mark pro Jahr die Mindestsumme, die eingesetzt wird. Für die Formel 3000 werden mindestens drei Millionen verlangt. Und in der Formel 1 bewegt sich unter fünf Millionen Dollar kein Rad.

Welches Auto kriegt man in der Formel Renault für seine 50.000 Mark eigentlich geboten? „Einen Spitzenwagen", urteilte einer der Teilnehmer spontan, als er Ende März seine ersten Abstimmungsfahrten auf dem Hockenheimring absolviert hatte. „Man kann den Wagen bis in extreme Grenzbereiche fordern – aber dann

verzeiht er keinen Fehler. Genausowenig wie ein Formel 1-Wagen."

Kernstück des Formel Renault-Boliden ist ein Vierzylinder-Motor mit 1721 ccm. Er leistet etwa 130 PS und bringt den Wagen auf ca. 230 km/h. Die Maschine basiert auf dem Aggregat des Renault 21.

Im 60seitigen Reglement sind Maximalmaße (Höhe: 90 cm, Breite 200 cm) und Minimalgewicht (455 kg) exakt geregelt. Wer das Fahrwerk baut, ist freigestellt. Derzeit beteiligen sich vier Wagenschmieden: Martini und Alpa aus Frankreich, Swift und Van Diemen aus England und der Deutsche Erwin Derichs. Seine Tochter Ute ist übrigens das einzige Mädchen im U 24-Kader.

Als am 24. März 1991 in Hockenheim die Startampel für die Formel Renault erstmals auf grün

Das U 24-Team auf dem Weg zum Pilot RTLplus und in die Formel 1

Stehend von links:
Thomas Wöhrle (22), Praktikant aus Kempten, Startnummer: 21.
Joachim Beule (23), Kfz-Mechaniker aus Hagen, Startnummer: 9.
Thomas Rabe (22), Kfz-Elektriker aus Pohlheim, Startnummer: 20.
Thomas Klenke (24), Fräser aus Verl, Startnummer: 30.
Mario Münch (19), Kfz-Mechaniker-Azubi aus Weilerswist, Startnummer: 22

Dino Maria Lamby (19), Gymnasiast aus Riedmoos, Startnummer: 4.

Knieend von links:
Ralf Druckenmüller (21), Kfz-Mechaniker aus Mendig, Startnummer: 11
Ute Derichs (19), technische Assistentin aus Mayen, Startnummer: 6
Markus Gutjahr (20), Kfz-Mechaniker aus Swisttal, Startnummer: 28.

sprang, standen 30 Fahrer am Start – etwa zehn davon Gäste aus Frankreich und Holland. Erklärter Favorit war der französische Vizemeister der Formel Renault, Oliver Couvreur. Er startete dann auch von der Pole-Position. Aber neben ihm stand ein 23jähriger Kfz-Mechaniker aus Hagen an der Startlinie: Joachim Beule aus der U 24-Gruppe. Er fuhr erstmals den Formel Renault-Wagen in einem Rennen, lieferte sich einen erbitterten Kampf mit dem Franzosen. Die Führung wechselte ständig, und schließlich kam für Beule auch das Quentchen Glück hinzu, das jeder Sportler braucht: wegen eines Schadens in der Bordelektronik fiel der Franzose in der letzten Runde aus. Das erste deutsche Formel Renault-Rennen endete mit einem vielbeachteten Sieg des jungen Nachwuchsfahrers Joachim Beule.

Als Prämie konnte der glückliche Sieger 3.500 Mark mit nachhause nehmen. Hinzu kamen 400 Mark für den 2. Platz bei der Startaufstellung und 300 Mark, die jeder Fahrer erhält, sobald er zum Training antritt.

Wie es 1991 weitergeht, zeigt RTLplus – das ganze Jahr über, immer vor den Übertragungen zur Formel 1. ∎

Strahlender Sieger beim ersten Rennen: Joachim Beule (M.). Zweiter wurde der Franzose Emmanuel Clerico, Dritter der Niederländer Mich Bleekemolen (r.)

Die Termine der Formel Renault 1991

24.3. Internat. AVD 100-Meilenrennen
Hockenheimring

28.4. Internat. ADAC/ACR Grenzlandpreis
Zolder (Belgien)

12.5. Internat. ADAC-Bilstein-Super-Sprint
Nürburgring

19.5. Internat. ADAC-Westfalen-Pokal
Zolder (Belgien)

2.6. Internat. ADAC-Tourenwagenrennen
Most (CSFR)

23.6. Internat. ACV/AvD-Sprintmeeting
Nürburgring

4.8. Internat. ADAC-Flugplatzrennen
Diepholz

11.8. Internat. ADAC-Noordzee-Cup
Zandvoort (Niederlande)

25.8. Internat. ADAC-Alpentrophäe
Salzburgring (Österreich)

8.9. Grand Prix der Tourenwagen
Nürburgring

Weitere Informationen:
DEUTSCHE RENAULT AG
Abt. Motorsport
Kölner Weg 6-10
5040 Brühl
Tel. 02232-73271

RTLplus berichtet von allen zehn Läufen der deutschen Formel Renault im Jahre 1991 Dabei werden die Zuschauer auch viel Privates über die Mitglieder des U 24-Kaders erfahren

Viele Veranstalter verbinden das Formel 1-Spektakel mit einer Misswahl – besonders gern die Japaner. Männer, Mädchen und Motoren, eine stimulierende Mischung

Die schönste Seite der Formel 1

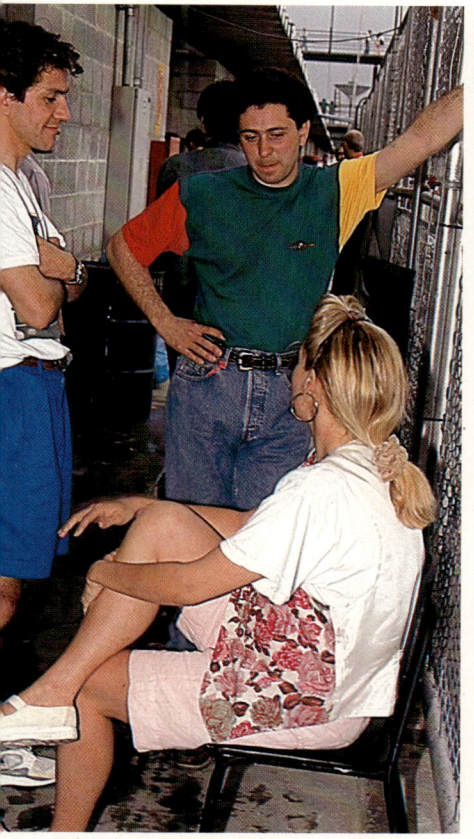

Lola-Pilot Eric Bernard (M) unterhält
sich lieber mit der Freundin von
Erik Comas als mit dem Konkurrenten

Schmuckstück im Fahrerlager: die hübsche Freundin von Dallara-Pilot Emanuelle Pirro

Blonde Italiene-
rinnen: Frau Patrese
(l.) mit der Freundin
von Andrea de
Cesaris

Nicht nur fürs Herz
sondern auch für den
Overall zuständig:
Bertrand Gachots
Freundin ▼

Roberto Moreno, Team-Kollege
von Nelson Piquet, bringt
gerne seine Freundin mit zum Rennen

Hoffnung und Risiko – im Windschatten eines Vordermanns kann sich ein Pilot „ansaugen", Turbulenzen können dem Jäger aber auch das Leben schwer machen

Bildnachweis

Die Fotos für dieses
Buch machte
Lukas T. Gorys.

Außerdem:
dpa (170o, 176Ml+u,
  177lo+u);
Willy Knupp (12,
  70/71u, 88u, 90/91);
Ferdy Kräling (28, Mr,
  176o+r, 178o);
Leroy (41o, 61o);
Peter Langenbach (4);
LAT London (175l);
Heide Nicot (183o,
  184o, 186u);
Rudolf Schulz
  (182/183u, 184M+u,
  185, 186o);
Studio Colombo
  (73Mo);
Süddeutscher Verlag
  (168, 169M,
  170M, u, r, 171, 174o);
Ullstein (169o+2u,
  174u+or, 175ur);
Industriefotos (34u,
  44Mu, 67u, 116/17);
Streckenzeichnungen:
  Ingrid Mizsenko

◀ *Die Schlacht ist
geschlagen. Nach der
Zieldurchfahrt
warten die Boliden
im parc fermé von
Interlagos auf den
Kontroll-Check der
peniblen
Kommissare*